精品课程配套教材

21世纪应用型人才培养“十三五”规划

“双创”型人才培养优秀教材

会计基础技能实训教程

主 编 彭佑元 赵静雅 尹平娥

副主编 石 鑫 曾 华 杨 滢

姚冰格

中国海洋大学出版社

CHINA OCEAN UNIVERSITY PRESS

·青岛·

图书在版编目（CIP）数据

会计基础技能实训教程 / 彭佑元，赵静雅，尹平娥主编．—青岛：中国海洋大学出版社，2018.1

ISBN 978-7-5670-1682-8

Ⅰ.①会… Ⅱ.①彭… ②赵… ③尹… Ⅲ.①会计学－教材 Ⅳ.①F230

中国版本图书馆 CIP 数据核字（2018）第 011129 号

出版发行 中国海洋大学出版社
社　　址 青岛市香港东路 23 号　　**邮政编码** 266071
出 版 人 杨立敏
网　　址 http://www.ouc-press.com
电子信箱 502169838@qq.com
订购电话 010-82477073（传真）　　**电　　话** 010-82477073
责任编辑 由元春
印　　制 三河市鑫鑫科达彩色印刷包装有限公司
版　　次 2018 年 1 月第 1 版
印　　次 2018 年 1 月第 1 次印刷
成品尺寸 185 mm × 260 mm
印　　张 21.75
字　　数 452 千
印　　数 1—10000
定　　价 49.00 元

版权所有　侵权必究
告读者：如发现本书有印装质量问题，请与印刷厂质量科联系。
联系电话：010-82477073

精品课程配套教材 “双创”型人才培养优秀教材 编写委员会

主　任：王汝志

副主任：程宁　黄群瑛　王伟　张志宏　徐晓舟　张惠芳　石惠惠　刘雯　吴诚
张逸舟　王品　石俊　岳斯玮　扬城强　康厚泽　邓瑞瑞　刘博　程贺
徐晓晗　夏松　张新丰　何周亮　刘国军　胡延华　胡致杰　史萍萍　郑涛
崔山美　朱接文　傅娣　宋晓霞　林友谅　李源晖　王金良　陈丽佳　刘俐伶
张元越　翁宗祥　石丹萍　李明相　唐俊奇　郑艳　梁瑞明　高国生　张永宏
包耀东　袁新　胡忠德　张建武　徐艳华　李白　许艳春　解俊霞　周万洋
刘庆玲　何洪磊　冯雪燕　吴晓燕　张厚　张鹏　曹泰松　王殿君　贺健琪
王瑞星　范洪军　王久霞　张兴龙　李荣　张程薇　李垒　刘洪　王平
白而力　安永红　汤慧　吕华　庄倩玮　肖星野　孙翠华

委　员：郝自勉　邓光明　柴彬彬　李博　王晓晶　周慧玲　张璐　耿文凤　申志强
康俊　李建清　周奇衡　吴国庆　唐建强　段晓霞　叶小菊　厉骁　蒙萌光子
唐晨光　王军　胡徐胜　张林　朱宏安　袁剑霖　和健　李坤　王梦林
高贺云　叶政　李冰　陈金山　赵玉田　许建　张利　杨丽　宋建跃
陈勇强　倪文彬　陈炳炎　樊匀　陈英　叶惠仙　王艺光　高雷　韩永胜
李芳　李力　唐克岩　曹浩　邹涛　李新萌　边振兴　郭玮　雷芳
黄鹏　黄佳溶　周士印　郑薇　赖华强　刘艳春　姜蕾　许涓　侯经文
董小宝　符海青　蒋伟　宋铁山　宋世坤　管威　姚俊红　何杨英　任东峰
谭吉玉　耿秀萍　王贵用　孙俊　李传民　姜健　刘雯　李云　赵进
孙道层　龚洁薇　陈乐群　王道乾　李建美　张琦　孙炬仁　韩子刚　韩阳
朱涛　李文胜　熊晓亮　尹君驰　李顺庆　朱海艳　陈勇平　伍建海　李坤
汤池明　赵凯　蔡锦松　陈军民　周金羊　王东亮　鲍青山　武永宁　段渊
肖炜　张建云　陈国华　李自强　林民山　张玉贤　何勇亭　王湘蓉　吴静
张华　王永泰　赵平　杨颖　董新玲　杜玉霞　钟冉　钱伶俐　邹巧燕
庄英强　肖慧霞　曹志鹏　杨茜云　戴霞　郑小平　翟彤　闫铁成　刘映吟
蒋岚　谢敏　李丛军　张素中　马莉丽　李希峰　贺维　王淼　赖茂涛
史亚奇　徐志　吴国华　李杰　陈凤榕　胡大威　姜营　蔡友　张兵
葛君梅　张海玲　王强　李凯　陈成　陈青　汪欲胜　闫付海　罗茜
柯晶莹　杨雪飞　徐一楠　王彪　张萍　杨骏　邢博川　刘焱　贾秀华
刘雨涛　王粉清　刘作新　张国君　王廷章　易芳　孔丽　史安玲　袁学军
徐田蓉　郑春晓　李青阳　范玲俐　张波　刘坤　刘占军　周万才　谭超
黄志东　柯春媛　黄开兴　王哲　汪志祥　刘军　刘丽鸿　陈滨　付蕾
王艳芹　张焕琪　肖杨　张朝昌　肖凤华　安文　刘岩　沈树明　刘纯超
余燕　孙文琳　宋娟　罗晓双　张慧　孙宗耀　韩超　李珊珊　任春茹
韩东红　吴可灿　张运平　王莉　张瑞　刘银连　曹晖　许康平　高德昊
宋汪洋　张勤　吴佩飞　王财莉　王锋　汤澜　李承高　唐建忠

前　言

会计学是一门实践性、应用性很强的学科，会计基础技能实训是提升学生会计基本技能的最佳途径。

本教材立足工业企业资金运动的五个阶段，以工业企业最基本的业务类型为模板，打破了以往作业式的业务处理模式，设计高仿真的原始凭证，通过仿真模拟给学生提供更加真实的实训体验，激发学生对会计技能学习的兴趣与积极性，提高学生的实际动手能力，帮助学生理论联系实际，加深学生对基本理论知识的理解和对基本方法的掌握。

本教材将实训内容分为单项实训和综合实训两个部分，单项实训分别从会计凭证、会计账簿、会计报表等项目进行训练，帮助学生掌握最基本的会计核算方法；综合实训基于一个完整的企业经营活动过程，从取得原始凭证到编制记账凭证到登记账簿最后编制报表进行训练，帮助学生更加系统全面地掌握企业基本业务的账务处理方法。

实训所选的业务体现了最新的会计政策，包括“营改增”，业务量适中，内容系统全面，实用性强，适合初次接触会计学的学生，实现了校内模拟实训与企业实际业务相通的零距离要求。

本书由彭佑元、赵静雅、尹平娥担任主编，由石鑫、曾华、杨滢、姚冰格担任副主编。具体分工如下：第一部分由彭佑元编写；第二部分由赵静雅、石鑫、姚冰格编写；第三部分由尹平娥、曾华、杨滢编写。最后由彭佑元负责全书的总纂工作。

由于编写水平有限，本教材难免存在不足之处，恳请广大读者批评指正。

编　者

2018 年 1 月

目录

上篇　单项会计实训

下篇　综合实训

上篇　单项会计实训

第一部分　会计凭证的填制与审核

会计凭证是记录经济业务、明确经济责任、按一定格式编制的据以登记会计账簿的书面证明。正确认识和填制会计凭证，可以完整、准确、及时地反映各项经济业务的完成情况，确保所记录信息的真实、可靠，保证会计信息的质量。

会计凭证除记录有关经济业务的基本内容外，还必须由有关部门和人员签章，这样可以对会计凭证所记录经济业务的真实性、完整性、合法性等负责，防止舞弊行为，强化内部控制，这是加强企业经济管理责任制的一种手段。通过对会计凭证进行审核，可以发挥会计的监督作用，查明每一项经济业务是否真实发生，是否符合国家有关法律、法规、制度的规定，是否符合计划、预算进度，是否有违法乱纪、铺张浪费行为等。对查出的问题，应积极采取措施予以纠正，实现对经济活动的事中控制，保证经济活动健康进行。另外，审核无误的会计凭证也为登记账簿提供了可靠依据，是进行后续会计核算实务的基础。

会计凭证按其编制程序和用途的不同，分为原始凭证和记账凭证，本部分将分别从这两个方面进行仿真模拟实训，锻炼学生填制和审核会计凭证的实际操作能力。

项目一 原始凭证的填制与审核

一、实验目的

通过实验使学生充分认识企业在筹集资金、采购、生产、销售、财务成果形成及分配各阶段中常见的原始凭证，掌握原始凭证基本内容的填制方法及其审核。

（一）原始凭证的基本内容

1. 原始凭证的名称。
2. 原始凭证的日期。
3. 原始凭证的编号。
4. 原始凭证接受单位的名称。
5. 经济业务的内容。
6. 数量、单价和金额。
7. 原始凭证填制单位盖章或填制人签名（或签章）。
8. 经办人员签名（或签章）。

（二）原始凭证的填制要求

1. 记录真实。

原始凭证的填制，要由填制人或经办人员根据经济业务的实际执行和完成情况填写，不得伪造、编造。

2. 内容完整。

原始凭证填制的内容必须完整、齐全，凭证的填制日期、经济业务的内容、数量、单价、金额都必须认真填写，不得遗漏，做到手续完备。

3. 责任明确。

经办人员及相关单位、人员要签名盖章，明确经济责任。

4. 书写正确。

（1）原始凭证要使用蓝黑、碳素墨水书写，不得使用圆珠笔和铅笔。

（2）文字内容要简练；数量、单价、金额计算要正确。

（3）各种凭证必须连续编号，以便考查；凭证如果已有预先编号的，在写错作废时，应加盖“作废”戳记，并保存不得销毁。

（4）字迹要工整、清晰，各种原始凭证不能随意涂改，填写错误应按正确方法更正。书写要符合规定（大小写要按规定正确书写）。

5. 编制及时。

各种原始凭证必须在经济业务发生时及时填写，并应按规定的程序及时送交财务部门，由财务部门加以审核并据以编制记账凭证。

（三）原始凭证审核的内容

1. 审核原始凭证的真实性。主要包括：凭证日期、业务内容及数据是否真实；凭证本身是否真实；外来原始凭证必须有填制单位盖章和填制人员签章，自制原始凭证必须有经办人员签名或盖章。

2. 审核原始凭证的合法性。主要包括：原始凭证记录的经济业务是否违反国家法律法规，是否履行规定的凭证传递和审核程序，是否有贪污腐败等行为。

3. 审核原始凭证的合理性。主要包括：原始凭证记录的经济业务是否符合企业经营管理的需要，是否符合有关计划和预算等。

4. 审核原始凭证的完整性。主要包括：原始凭证的基本内容是否齐全，日期是否完整，数字是否清晰，字迹是否工整，相关人员签章是否齐全，凭证联次是否正确等。

5. 审核原始凭证的正确性。主要包括：金额大写是否正确，大写金额前要加“人民币”字样且中间不得有空格；金额小写时不得连写，小写金额前要标“￥”等货币符号等。

二、实验要求

要求学生能充分认识各阶段常见的原始凭证，能根据给定的山西四美实业有限公司2018年9月的各经济业务正确填制原始凭证并审核。

三、企业基本信息

企业名称：山西四美实业有限公司

法定代表人：刘三美

纳税人识别号：140102100120084

地址及电话：太原市和平路13号　0351－6789666

开户行及账号：中国工商银行和平路支行 6222035123456789

企业适用会计方法与会计政策：

山西四美实业有限公司为增值税一般纳税人，适用税率为16%，假设其取得的增值税进项税额均符合抵扣条件，城市维护建设税税率7%，教育费附加4%。所得税税率为25%，采用按月预缴，年终汇算清缴的计税方法。该公司产品销售均满足收入确认条件，存货核算采用实际成本法，存货成本核算采用先进先出法，于发出时结转。

说明：本实训作为会计最基础水平的练习，故不涉及五险一金和个人所得税的计算。

相关人员信息：

副总经理兼财务主管：石国英

生产主管：贾二美　　　　车间员工：马冬青

采购主管：杜小美　　　　采购业务员：刘淇

销售主管：赵正　　　　销售业务员：王菲芬

会计：张大美　　　　出纳：王鑫鑫

仓库保管员：宋英　　　　审核：沈鹏

四、经济业务内容

以下经济业务均为四美公司 2018 年 9 月所发生，因是按业务过程进行练习，故没有按照发生的时间顺序。

（一）筹集资金过程

1. 9 月 1 日，收到山西中佳有限公司的资金投资，取得银行进账单，另有投资协议书（略）、验资证明（略）。

中国工商银行 进 账 单（回单）

2018 年 09 月 01 日

<table>
<tr><td rowspan="3">出票人</td><td>全　称</td><td>山西中佳有限公司</td><td rowspan="3">收款人</td><td>全　称</td><td colspan="11">山西四美实业有限公司</td></tr>
<tr><td>账　号</td><td>6222035123454321</td><td>账　号</td><td colspan="11">6222035123456789</td></tr>
<tr><td>开户银行</td><td>中国工商银行中心支行</td><td>开户银行</td><td colspan="11">中国工商银行和平路支行</td></tr>
<tr><td rowspan="2">金额</td><td colspan="4" rowspan="2">人民币（大写）壹佰万元整</td><td>亿</td><td>千</td><td>百</td><td>十</td><td>万</td><td>千</td><td>百</td><td>十</td><td>元</td><td>角</td><td>分</td></tr>
<tr><td></td><td>¥</td><td>1</td><td>0</td><td>0</td><td>0</td><td>0</td><td>0</td><td>0</td><td>0</td><td>0</td></tr>
<tr><td>票据种类</td><td>转账支票</td><td>票据张数</td><td colspan="2">1</td><td colspan="11" rowspan="3">中国工商银行
和平路支行
2018年09月01日
开户银行签章</td></tr>
<tr><td>票据号码</td><td colspan="4"></td></tr>
<tr><td colspan="5">复核 刘念　　记账 张明</td></tr>
</table>

此联是开户银行交给持（出）票人的回单

2. 9 月 1 日，向开户行贷款，出纳从银行取回借款回单。

中国工商银行借款凭证

日期：2018年09月01日

凭证号码：20180901

借款人	山西四美实业有限公司			账　号	6222035123456789											
贷款金额	人民币（大写）伍拾万元整				千	百	十	万	千	百	十	元	角	分		
						¥	5	0	0	0	0	0	0	0		
用途	购置生产设备借款	期限	约定还款日期		2020年09月01日											
		24个月	贷款利率	12%（年）	借款合同号码	J20170901										

上述贷款已转入借款人的指定账户。

中国工商银行
和平路支行
2018年09月01日

银行盖章　　复核 刘念　　记账 张明

此联作收款人收账通知

3. 9 月 1 日，向开户行贷款，出纳从银行取回借款回单。

中国工商银行借款凭证

日期：2018年09月01日

凭证号码：20180902

借款人	山西四美实业有限公司			账　号	6222035123456789											
贷款金额	人民币（大写）壹拾万元整				千	百	十	万	千	百	十	元	角	分		
						¥	1	0	0	0	0	0	0	0		
用途	生产临时周转借款	期限	约定还款日期		2019年06月01日											
		9个月	贷款利率	9%（年）	借款合同号码	J20170902										

上述贷款已转入借款人的指定账户。

中国工商银行
和平路支行
2018年09月01日

银行盖章　　复核 刘念　　记账 张明

此联作收款人收账通知

（二）采购过程

4. 9 月 4 日，从山西长城有限公司购买材料一批，经验收合格入库，已收到对方开具的增值税专用发票，全部货款已用转账支票支付。要求填制收料单。

山西省增值税专用发票

发票联

1200087601　　　　　　　　　　　　　　　　No. 01117041

校验码：27609603047839845611　　　　　　开票日期：2018 年 09 月 04 日

购货单位		密码区	
名　　称：	山西四美实业有限公司		5％59＃＞％&＊962@＞％@＊7&＊＃
纳税人识别号：	140102100120084		$＊＃$＊75402@＊79$9&＃$9&$
地 址 、电 话：	太原市和平路 13 号 0351－6789666		＊＃$96&＜＃＞％＃$92@＊7＞％&
开户行及账号：	中国工商银行和平路支行 6222035123456789		＊9＊$&＜＃＞4＃40@％&＊＃$9＞ 276＜1244

货物或应税劳务名称	规格型号	单位	数量	单价	金额	税率/％	税额
甲材料		公斤	100	215.00	21 500.00	16％	3 440.00
乙材料		公斤	150	320.00	48 000.00	16％	7 680.00
合计					69 500.00	16％	11 120.00
价税合计（大写）	人民币捌万零陆佰贰拾元整					（小写）¥：80 620.00	

销货单位		备注
名　　称：	山西长城有限公司	
纳税人识别号：	140102100254321	
地 址 、电 话：	北营新村 0351－6789322	
开户行及账号：	中国工商银行北营支行 6222035123454322	

收款人：陈明　　　复核：王林　　　开票人：李林　　　销货单位（章）：

第三联　发票联　购货方记账凭证

中国工商银行转账支票存根

支票号码　icbc20185551

科　　目____________

对方科目____________

出票日期 2018 年 09 月 04 日

收款人：山西长城有限公司
金　额：¥80 620.00
用　途：采购货款
备　注：

单位主管：刘三美　会计：张大美

收　料　单

供应单位：　　　　　　　　　　　　　　　　　　　　　　　　第 SL20180901 号

发票号码：　　　　　　　　　　年　月　日　　　　　　　　　　收料仓库：

编号	材料名称及规格	单位	数量		实际价格			
			应收	实收	单价	发票金额	运杂费	合计
合　计								

记账联

记账：　　　　仓库保管员：　　　　采购业务员：　　　　采购主管：

5. 9 月 5 日，从山东恒大有限公司购买材料一批，经验收合格入库，已收到对方开具的增值税专用发票和代开的货物运输业增值税专用发票。要求填制收料单。

山东省增值税专用发票

发票联

全国统一发票监制章

1200087602　　　　　　　　　　　　　　　　No. 01117042

校验码：27609603047839845612　　　　　　　开票日期：2018 年 09 月 04 日

购货单位			密码区
	名　　称：	山西四美实业有限公司	5%59#＞%&*962@＞%@*7&*# $*#$*75402@*79$9&#$9&$ *#$96&＜#＞%#$92@*7＞%& *9*$&＜#＞4#40@%&*#$9＞ 276＜1241
	纳税人识别号：	140102100120084	
	地 址 、电 话：	太原市和平路 13 号 0351－6789666	
	开户行及账号：	中国工商银行和平路支行 6222035123456789	

货物或应税劳务名称	规格型号	单位	数量	单价	金额	税率%	税额
甲材料		公斤	100	213.00	21 300.00	16%	3 408.00
合计			100	213.00	21 300.00	16%	3 408.00
价税合计（大写）	人民币贰万肆仟柒佰零捌元整					（小写）¥：	24 708.00

销货单位			备注
	名　　称：	山东恒大有限公司	山东恒大有限公司 360104201654323 发票专用章
	纳税人识别号：	360104201654323	
	地 址 、电 话：	济南武顺区 0531－6789323	
	开户行及账号：	中国工商银行武顺支行 6222053123454323	

第三联　发票联　购货方记账凭证

收款人：高明　　　复核：刘林　　　开票人：张林　　　销货单位（章）：

货物运输业增值税专用发票

发票联

1200087603　　　　　　　　　　　　　　　　　　No. 01117043

校验码：27609603047839845613　　　　　　　　　开票日期：2018 年 09 月 04 日

承运人及 纳税人识别号	山东顺丰快运有限公司 360104201654322			密码区	5%59#>%&*962@>%@*7&*#$* #$*75402@*79$9&#$9&#>4#40 @%&*#$9>27578		
实际受票方及 纳税人识别号	山西四美实业有限公司 230102100120084						
收货人及 纳税人识别号	山西四美实业有限公司 230102100120084			发货人及 纳税识别号	山东恒大有限公司 360104201654323		
起运地、经由、到达地	济南到太原						
费用项目及金额	费用项目 运费	金额 400.00		运输货物信息	甲材料		
合计金额	¥400.00	税率	10%	税额	¥40.00	机器编号	2015012343
价税合计（大写）	人民币肆佰肆拾元整				（小写）¥：440.00		
车牌号码		车船吨位		备注	山东顺丰快运有限公司 360104201654322 发票专用章		
主管税务机关 及代码	济南市地方税务局征收管理局 36010411223344						

收款人：张国栋　　　　复核：柳青青　　　　开票人：张敏敏　　　　承运人（章）

收　料　单

供应单位：　　　　　　　　　　　　　　　　　　　　第 SL20180902 号

发票号码：　　　　　　　　年　　月　　日　　　　　收料仓库：

编号	材料名称及规格	单位	数量		实际价格			
			应收	实收	单价	发票金额	运杂费	合计
合　计								

记账联

记账：　　　　　　仓库保管员：　　　　　　采购业务员：　　　　　　采购主管：

6．9 月 6 日，从山西博赛设备有限公司购买设备一台，已收到对方开具的增值税专用发票，全部货款已通过网银支付，要求填制固定资产验收单。

山西省增值税专用发票

发票联

1200087604 No. 01117044

校验码：27609603047839845614 开票日期：2018 年 09 月 06 日

购货单位	名　　称：	山西四美实业有限公司			密码区	5％59＃＞％＆＊962＠＞％＠＊7＆＊＃ ＄＊＃＄＊75402＠＊79＄9＆＃＄9＆＄ ＊＃＄96＆＜＃＞％＃＄92＠＊7＞％＆ ＊9＊＄＆＜＃＞4＃40＠％＆＊＃＄9＞ 276＜6575		
	纳税人识别号：	140102100120084						
	地 址 、电 话：	太原市和平路 13 号 0351－6789666						
	开户行及账号：	中国工商银行和平路支行 6222035123456789						
货物或应税劳务名称	规格型号	单位	数量	单价	金额	税率/％	税额	
设备 A		台	1	200 000.00	200 000.00	16％	32 000.00	
合计					200 000.00	16％	32 000.00	
价税合计（大写）	人民币贰拾叁万贰仟元整					（小写）￥：232 000.00		
销货单位	名　　称：	山西博赛设备有限公司			备注	山西博赛设备有限公司 140102100254324 发票专用章		
	纳税人识别号：	140102100254324						
	地 址 、电 话：	太原市桥西路 19 号 0351－6789324						
	开户行及账号：	中国建设银行桥西支行 6217035123454324						

收款人：陈明 复核：张林 开票人：张林 销货单位（章）：

第三联 发票联 购货方记账凭证

固定资产验收单

年 月 日 第 ZC20180901 号

固定资产名称		型号	计量单位	数量	供货单位			
总价	设备费	安装费	运杂费	包装费	其他	合计	预计年限	净残值率
验收意见			验收人签章			保管使用人签章		

中国工商银行客户专用回单

币别：人民币　　　　2018 年 09 月 06 日　　　　流水号：622202201801

付款人	全　称	山西四美实业有限公司	收款人	全　称	山西博赛设备有限公司
	账　号	6222035123456789		账　号	6217035123454324
	开户银行	中国工商银行和平路支行		开户银行	中国建设银行桥西支行
金额	人民币（大写）贰拾叁万贰仟元整			（小写）¥：232 000.00	
结算方式	网银	用途	支付设备款		
汇划日期：2018－09－06 汇出行行号：105005411132 汇出行行名：中国工商银行和平路支行 原凭证金额：232 000.00 附言：			打印柜员：3201415198 打印机构：中国工商银行和平路支行 （印章：中国工商银行 电子回单专用章）		

打印时间：2018－09－06　　　　交易柜员：34484789470　　　　交易机构：68485979476547

第一联　借方　回单

7. 9 月 7 日，出纳去银行将 5 日的采购货款电汇给对方公司，并取得银行回单。

中国工商银行　电汇凭证（回单）　　1

☑普通　　☐加急　　　　委托日期：2018 年 09 月 07 日　　　　No. 17012343

付款人	全　称	山西四美实业有限公司	收款人	全　称	山东恒大有限公司
	账　号	6222035123456789		账　号	6222053123454323
	汇出地点	山西省太原市		汇入地点	山东省济南市
汇出行名称		中国工商银行和平路支行	汇入行名称		中国工商银行武顺支行

金额		亿	千	百	十	万	千	百	十	元	角	分
	人民币（大写）贰万伍仟壹佰肆拾捌元整				¥	2	5	1	4	8	0	0

汇出行签章	票据种类	36437486
（印章：中国工商银行 和平路支行 2018年09月07日）	附加信息及用途：支付 5 日采购货款 复核 刘念　　记账 张明	

此联给收款人的收款通知

（三）生产过程

8. 9月12日，为生产A产品，车间领用甲材料120公斤，领用乙材料80公斤，要求填制领料单（甲材料用）和限额领料单（乙材料用）。（假设甲材料期初数量为50公斤，单价210元；乙材料期初数量为30公斤，单价为315元，领用限额140公斤）

领　料　单

领用部门：　　　　　　　　　　　　　　　　　　　　　　　　第 LL20180901 号

用途：　　　　　　　　　　年　月　日　　　　　　　　　　　发料仓库：

<table>
<tr><th rowspan="2">编号</th><th rowspan="2">材料名称及规格</th><th rowspan="2">单位</th><th colspan="2">数量</th><th rowspan="2">单价</th><th rowspan="2">金额</th></tr>
<tr><th>请领</th><th>实领</th></tr>
<tr><td></td><td></td><td></td><td></td><td></td><td></td><td></td></tr>
<tr><td></td><td></td><td></td><td></td><td></td><td></td><td></td></tr>
<tr><td></td><td></td><td></td><td></td><td></td><td></td><td></td></tr>
<tr><td></td><td></td><td></td><td></td><td></td><td></td><td></td></tr>
<tr><td></td><td></td><td></td><td></td><td></td><td></td><td></td></tr>
<tr><td colspan="2">合　计</td><td></td><td></td><td></td><td></td><td></td></tr>
</table>

记账联

记账：　　　　　　仓库保管员：　　　　　　经办人：　　　　　　生产主管：

限 额 领 料 单

领用部门：　　　　　　　　　　　　　　　　　　　　　　　　第 LL20180902 号

用途：　　　　　　　　　　年　月　日　　　　　　　　　　　发料仓库：

<table>
<tr><th rowspan="2">编号</th><th colspan="2" rowspan="2">材料名称及规格</th><th rowspan="2">单位</th><th rowspan="2">领用限额</th><th colspan="3">本月实领</th></tr>
<tr><th>数量</th><th>单价</th><th>金额</th></tr>
<tr><td></td><td colspan="2"></td><td></td><td></td><td></td><td></td><td></td></tr>
<tr><td>领用日期</td><td>请领数</td><td>实发数</td><td>领料人</td><td>发料人</td><td colspan="2">限额结余</td><td>退库</td></tr>
<tr><td></td><td></td><td></td><td></td><td></td><td colspan="2"></td><td></td></tr>
<tr><td></td><td></td><td></td><td></td><td></td><td colspan="2"></td><td></td></tr>
<tr><td></td><td></td><td></td><td></td><td></td><td colspan="2"></td><td></td></tr>
<tr><td></td><td></td><td></td><td></td><td></td><td colspan="2"></td><td></td></tr>
<tr><td>合　计</td><td></td><td></td><td></td><td></td><td colspan="2"></td><td></td></tr>
</table>

记账联

仓库保管员：　　　　　　　　采购主管：　　　　　　　　生产主管：

9. 9月18日，为生产B产品，车间领用甲材料50公斤，要求填制领料单。

领　料　单

领用部门：　　　　　　　　　　　　　　　　　　　　　　　　第LL20180903号

用途：　　　　　　　　　　　　年　月　日　　　　　　　　　发料仓库：

编号	材料名称及规格	单位	数量		单价	金额
			请领	实领		
合　计						

记账：　　　　仓库保管员：　　　　经办人：　　　　生产主管：

记账联

10. 9月20日，收到电力公司的增值税专用发票一张，并从银行取回结算凭证，要求填制电费分配表。（车间用电占70%，管理部门用电占30%）

托收凭证（付款通知）

委托日期2018年09月20日

付款期限　　年　月　日

业务类型	委托收款（√）　邮划（　）　电划（　）　托收承付（　）				
付款人	全　称	山西四美实业有限公司	收款人	全　称	太原市电力公司
	账　号	6222035123456789		账　号	6228035123454325
	地　址	山西省太原市		地　址	山西省太原市
	开户行	中国工商银行和平路支行		开户行	中国农业银行迎泽支行

金额	人民币（大写）	壹仟柒佰肆拾元整	亿	千	百	十	万	千	百	十	元	角	分
							¥	1	7	4	0	0	0

款项内容	电费	托收凭证名称	电费专用发票	附寄单证张数	1
商品发运情况		合同名称号码			

备注： 付款人开户银行收到日期 2018年9月20日 复核 刘念 记账 张明	中国工商银行和平路支行 2018年09月20日 付款人开户银行签章 2018年9月20日	付款人注意： 1. 根据支付结算方法，上列委托收款（托收承付）款项在付款期限内未提出拒付，即为同意付款通知。 2. 如需提出全部或部分拒付，应在规定期限内，将拒付理由书并附债务证明退交开户银行。

此联是付款人开户行给付款人按期付款通知

电费分配表

使用期间		费用总额	
使用部门	分配标准（重量）	分配率	分配金额
车　间			
管理部门			
合　计			

财务主管：　　　　　　　　　　　　制单：

山西省增值税专用发票

发票联

2018087605　　　　　　　　　　No. 01117045

校验码：27609603047839845615　　　　开票日期：2018 年 09 月 20 日

购货单位		密码区	
名　　称：	山西四美实业有限公司		5％59＃＞％＆＊952＠＞％＠＊7＆＊＃＄＊＃＄＊75402＠＊79＄9＆＃＄9＆＄＊＃＄96＆＜＃＞％＃＄92＠＊7＞％＆＊9＊＄＆＜＃＞4＃40＠％＆4678
纳税人识别号：	140102100120084		
地 址 、电 话：	太原市和平路 13 号 0351－6789666		
开户行及账号：	中国工商银行和平路支行 6222035123456789		

货物或应税劳务名称	规格型号	单位	数量	单价	金额	税率/％	税额
电费		度	1 500	1.00	1 500.00	16％	240.00
合计					1 500.00	16％	240.00
价税合计（大写）	人民币壹仟柒佰肆拾元整					（小写）￥：1 740.00	

销货单位		备注
名　　称：	太原市电力公司	
纳税人识别号：	140102100254325	
地 址 、电 话：	0351－6789325	
开户行及账号：	中国农业银行迎泽支行 6228035123454325	

收款人：刘华　　复核：王芳　　开票人：吴昕　　销货单位（章）：

第二联　发票联　购货方记账凭证

11. 9 月 20 日，收到自来水公司的增值税专用发票一张，并从银行取回结算凭证。（全为车间耗用）

托 收 凭 证（付款通知）

委托日期2018年09月20日

付款期限　　年　月　日

业务类型	委托收款（√）　邮划（　）　电划（　）　托收承付（　）			
付款人 全称	山西四美实业有限公司	收款人	全称	太原市自来水公司
账号	6222035123456789		账号	6228035123454326
地址	山西省太原市		地址	山西省太原市
开户行	中国工商银行和平路支行		开户行	中国农业银行北街支行
金额 人民币（大写）	壹仟壹佰元整		亿千百十万千百十元角分	¥110000
款项内容	水费	托收凭证名称	电费专用发票	附寄单证张数 1
商品发运情况		合同名称号码		
备注： 付款人开户银行收到日期 2018年9月20日 复核 刘念　记账 张明	中国工商银行 和平路支行 2018年09月20日 付款人开户银行签章 2018年9月20日	付款人注意： 1. 根据支付结算方法，上列委托收款（托收承付）款项在付款期限内未提出拒付，即为同意付款通知。 2. 如需提出全部或部分拒付，应在规定期限内，将拒付理由书并附债务证明退交开户银行。		

此联是付款人开户行给付款人按期付款通知

山西省增值税专用发票

发票联

2018087606　　　　No. 01117046

校验码：27609603047839845616　　　　开票日期：2018 年 09 月 20 日

购货单位	名　称：山西四美实业有限公司 纳税人识别号：140102100120084 地址、电话：太原市和平路 13 号 0351－6789666 开户行及账号：中国工商银行和平路支行 6222035123456789	密码区	5%59＃＞%＆＊962@＞%@＊7＆＊＃ $＊＃$＊75402@＊79$9＆＃$9＆$ ＊＃$96＆＜＃＞%＃$92@＊7＞%＆ ＊9＊$＆＜＃＞4＃40@%＆4678				
货物或应税劳务名称	规格型号	单位	数量	单价	金额	税率/%	税额
水费		立方米	500	2.00	1 000.00	10%	100.00
合计					1 000.00	10%	100.00
价税合计（大写）	人民币壹仟壹佰元整					（小写）¥：	1 100.00
销货单位	名　称：太原市自来水公司 纳税人识别号：140102100254326 地址、电话：0351－6789326 开户行及账号：中国农业银行北街支行 6228035123454326	备注	太原市自来水公司 140102100254326 发票专用章				

收款人：王华　　复核：刘敏　　开票人：吴锐　　销货单位（章）：

第三联　发票联　购货方记账凭证

12. 9 月 22 日，出纳签发现金支票一张，去银行提取现金 49 450 元以发放工资。要求填制现金支票。

中国工商银行

现金支票存根

NO. icbc20185552

科　　目：

对方科目：

出票日期：　　年　月　日

收款人：

余额：

用途

单位主管：　　会计：

中 国 工 商 银 行 现金支票　　no. icbc20185552

出票日期（大写）　　年　　月　　日　开户行名称：

收款人：　　出票人账号：

本支票付款期限十天

人民币（大写）		亿	千	百	十	万	千	百	十	元	角	分

用途：

上述款项请从

我账户内支付

出票人签章

山西四美实业有限公司 财务专用章

刘美三印

复核　　记账

13. 9 月 22 日，出纳根据工资明细表发放工资，会计按部门分配工资，要求编制工资分配表。（A、B 产品的工时比例为 4：1）

工资费用分配表

2018 年 09 月 22 日

应借科目		应付职工薪酬
总账科目	明细科目	
生产成本	A 产品	
	B 产品	
	小计	
制造费用		
销售费用		
管理费用		
合计		

财务主管：　　制表：

山西四美实业有限公司 2018 年 9 月工资明细表

序号	部门	姓名	职位	基本工资	岗位工资	绩效工资	全勤奖	应发工资
1	行政部	刘三美	总经理	2 500.00	1 200.00	1 000.00	100.00	4 800.00
2	行政部	石国英	副总经理	2 000.00	1 000.00	1 000.00	100.00	4 100.00
3	采购部	杜小美	主管	1 500.00	1 000.00	800.00	100.00	3 400.00
4	采购部	刘淇	职员	1 000.00	800.00	600.00	50.00	2 450.00
5	财务部	张大美	会计	1 500.00	1 000.00	800.00	100.00	3 400.00
6	财务部	王鑫鑫	职员	1 000.00	800.00	600.00	50.00	2 450.00
7	销售部	赵正	主管	1 500.00	1 000.00	800.00	100.00	3 400.00
8	销售部	王菲芬	职员	1 000.00	800.00	600.00	50.00	2 450.00
9	生产部	贾二美	主管	1 500.00	1 000.00	800.00	100.00	3 400.00
10	生产部	马冬青	职员	1 000.00	800.00	600.00	50.00	2 450.00
11	生产部	宋英	职员	1 000.00	800.00	600.00	50.00	2 450.00
12	生产部	沈鹏	职员	1 000.00	800.00	600.00	50.00	2 450.00
13	生产部	尤丽华	职员	1 000.00	800.00	600.00	50.00	2 450.00
14	生产部	陈志	职员	1 000.00	800.00	600.00	50.00	2 450.00
15	生产部	刘森	职员	1 000.00	800.00	600.00	50.00	2 450.00
16	生产部	吴芳芳	职员	1 000.00	800.00	600.00	50.00	2 450.00
17	生产部	师国栋	职员	1 000.00	800.00	600.00	50.00	2 450.00
合　计				21 500.00	15 000.00	11 800.00	1150.00	49 450.00

14. 9 月 25 日，为生产 A 产品，车间领用乙材料 50 公斤，要求填制限额领料单。

15. 9 月 30 日，月末按生产工人工资标准结转制造费用。

制造费用分配表

年　月　日　　　　　　单位：元

费用总额			
分配对象	分配标准 （生产工人工资）	分配率	分配金额
A 产品			
B 产品			
合计			

财务主管：　　　　　　制单：

16. 9 月 30 日，本月投产 A 产品 200 件全部完工，要求填制产品成本计算表及产品入库单。（假设 A 产品无期初在产品）

产品成本计算表

产品名称：　　　　　　　　　　　　　　　　　　　　　　　　完工数量：

成本项目	月初在产品成本	本月生产费用	完工产品成本	月末在产品成本	产品单位成本
直接材料					
直接人工					
制造费用					
合　计					

财务主管：　　　　　　　　　　　　　　　制单：

产 品 入 库 单

部　　门：　　　　　　　　　　年　　月　　日　　　　　　　　第 RK20180901 号

收货仓库：

编号	产品名称及型号	单位	数量	单价	金额
	合　计				

第一联　存根

记账：　　　　　仓库保管员：　　　　　经办人：　　　　　生产主管：

（四）销售过程

17. 9 月 11 日，销售部赵正因业务出差向财务部借款 2 000 元，出纳以现金付讫。要求填制借款单。

借　款　单

年　月　日

<table>
<tr><td colspan="2">借款部门：</td></tr>
<tr><td colspan="2">借款用途：

现 金 付 讫</td></tr>
<tr><td>借款金额：人民币（大写）</td><td>小写：</td></tr>
</table>

审批：　　　　借款人：

18. 9 月 18 日，销售部赵正出差回来报销差旅费，借款不足部分以现金支付，要求根据后附相关单据填写差旅费报销单。（出差补助为 100 元/天，共出差 4 天）

差旅费报销单

部门：　　　　年　月　日　　　　第 FY20180901 号

<table>
<tr><td>出差人</td><td colspan="5"></td><td colspan="3">出差事由</td><td colspan="4"></td></tr>
<tr><td colspan="3" rowspan="2">出发地</td><td colspan="3" rowspan="2">到达地</td><td colspan="2" rowspan="2">出差补贴</td><td rowspan="3">交通工具</td><td rowspan="3">交通费</td><td colspan="3">其他</td></tr>
<tr><td>项目</td><td>单据张数</td><td>金额</td></tr>
<tr><td>月</td><td>日</td><td>地点</td><td>月</td><td>日</td><td>地点</td><td>天数</td><td>金额</td><td>住宿费</td><td></td><td></td></tr>
<tr><td></td><td></td><td></td><td></td><td></td><td></td><td></td><td></td><td></td><td></td><td>市内车费</td><td></td><td></td></tr>
<tr><td></td><td></td><td></td><td></td><td></td><td></td><td></td><td></td><td></td><td></td><td></td><td></td><td></td></tr>
<tr><td></td><td></td><td></td><td></td><td></td><td></td><td></td><td></td><td></td><td></td><td></td><td></td><td></td></tr>
<tr><td></td><td></td><td></td><td></td><td></td><td></td><td></td><td></td><td></td><td></td><td></td><td></td><td></td></tr>
<tr><td></td><td></td><td></td><td></td><td></td><td></td><td></td><td></td><td></td><td></td><td></td><td></td><td></td></tr>
<tr><td></td><td></td><td></td><td></td><td></td><td></td><td></td><td></td><td></td><td></td><td></td><td></td><td></td></tr>
<tr><td colspan="11">合计：人民币（大写）</td><td colspan="2">小写：</td></tr>
<tr><td colspan="6">备注</td><td colspan="7"></td></tr>
</table>

附单据　张

主管：　　审核：　　出纳：　　报销人：

航空运输电子客票行程单

印刷序号：2018091215

顾客姓名		有效身份证件号码					签注：		
赵正		140401198304163456					不得退改签		
	承运人	航班号	座位等级	日期	时间	客票级别/客票级别	客票生效日期	有效截止日期	免费行李
自 FROM 太原 至 TO　上海	东航	MU246	Z	2018-09-12	10：20	Z			20K
	票价		机场建设费		燃油附加费		其他税费	合计	
	￥720.00		￥50.00		￥80.00			￥850.00	
电子客票号码：201801234536457586								保险费	
销售单位代号：STA2018			填开单位：太原航空服务有限公司				填开日期：2018-09-12		

付款凭证　手写无效

航空运输电子客票行程单

印刷序号：2018091531

顾客姓名		有效身份证件号码					签注：		
赵正		140401198304163456					不得退改签		
	承运人	航班号	座位等级	日期	时间	客票级别/客票级别	客票生效日期	有效截止日期	免费行李
自 FROM 上海 至 TO　太原	东航	MU248	Z	2018-09-15	16：45	Z			20K
	票价		机场建设费		燃油附加费		其他税费	合计	
	￥690.0		￥50.00		￥80.00			￥820.00	
电子客票号码：201802136758585								保险费	
销售单位代号：SHA2018			填开单位：上海航空服务有限公司				填开日期：2018-09-15		

付款凭证　手写无效

上海市增值税专用发票

发票联

2018087607　　No. 01117047

校验码：27609603047839845617　　开票日期：2018 年 09 月 15 日

购货单位	名　称：	山西四美实业有限公司	密码区	5%59#>%&*962@>%@*7&*# $*#$*75402@*79$9&#$9&$ *#$96&<#>%#$92@*7>%& *9*$&<#>4#40@%&4678<3566
	纳税人识别号：	140102100120084		
	地 址 、电 话：	太原市和平路 13 号 0351－6789666		
	开户行及账号：	中国工商银行和平路支行 6222035123456789		

货物或应税劳务名称	规格型号	单位	数量	单价	金额	税率/%	税额
住宿费			3	300.00	900.00	6%	54.00
合计					900.00	6%	54.00
价税合计（大写）	人民币玖佰伍拾肆元整					（小写）¥：954.00	

销货单位	名　称：	上海市如家快捷酒店	备注	
	纳税人识别号：	540102100254327		
	地 址 、电 话：	021－6789327		
	开户行及账号：	中国工商银行黄埔支行 6222002123454327		

收款人：赵华　　复核：黄强　　开票人：闫锐　　销货单位（章）：

第三联 发票联 购货方记账凭证

19. 9 月 19 日，收到开封市大宇商贸有限公司交来的转账支票一张 41 500 元，用以偿还上月所欠货款，出纳将支票送存银行，要求填制银行进账单。

中国建设银行转账支票　　20170954

本支票付款期限十天

出票日期（大写）贰零壹柒年零玖月壹拾玖日　　开户行名称：中国建设银行人民路支行

收款人：山西四美实业有限公司　　出票人账号：6217037123454327

人民币（大写）	肆万壹仟伍佰元整	亿	千	百	十	万	千	百	十	元	角	分
					¥	4	1	5	0	0	0	0

用途 支付前欠货款

上述款项请从

我账户内支付

出票人签章　　田宇　　复核　　记账

中国工商银行　进账单（收账通知）　　1

年　月　日　　　　2018091921

收款人	全　称		付款人	全　称	
	账　号			账　号	
	开户银行			开户银行	

金额	人民币（大写）	千	百	十	万	千	百	十	元	角	分

票据种类		票据张数		开户银行签章
票据号码				中国工商银行 和平路支行 2018年09月20日
复核 刘念　记账 张明				

此联是银行交给收款人的收款通知

20．9月19日，向山东远大有限公司销售A产品300件，单价600元，成本400元，款未收到，要求填制销售出库单（发货单）、产品出库单并开具增值税专用发票。（购货方信息：纳税人识别号：360104201654329；地址及电话：济南市山前路28号；开户行及账号：中国建设银行山前支行6217053123454329）

销售出库单

客户名称：　　　　年　月　日　　　　第SX20180901号

订单号：　　　　发货仓库：

编号	产品名称及型号	单位	数量	单价	金额
合　计					

记账：　　审核：　　提货：　　制单：

第二联　销售

产品出库单

客户名称：　　　　　　　　　　年　月　日　　　　　　　　第 CK20180901 号
销售单号：　　　　　　　　　　　　　　　　　　　　　　　发货仓库：

编号	产品名称及型号	单位	数量	单价	金额
合　计					

第一联　存根

记账：　　　　审核：　　　　提货：　　　　仓库保管员：

国统一发票监制章

山西省增值税专用发票

发票联

2018087608　　　　　　　　　　　　　　　　　No. 01117048

校验码：27609603047839845618　　　　　　　开票日期：　　年　　月　　日

购货单位	名　　称：		密码区	5%59#>%&*962@>%@*7&*# $*#$*75402@*79$9&#$9&$ *#$96&<#>%#$92@*7>%& *9*$&<#>4#40@%&47866
	纳税人识别号：			
	地 址 、电 话：			
	开户行及账号：			

货物或应税劳务名称	规格型号	单位	数量	单价	金额	税率/%	税额
合计							
价税合计（大写）						（小写）¥：	

销货单位	名　　称：		备注	
	纳税人识别号：			
	地 址 、电 话：			山西四美实业有限公司 140102100120084 发票专用章
	开户行及账号：			

收款人：　　　　复核：　　　　开票人：　　　　销货单位（章）：

第四联　记账联　销售方记账凭证

21. 9月19日，收到销售部王菲芬的请款单支付销售运费，附物流公司开来的货物运输增值税专用发票，出纳用现金支付。要求填制请款单。

请　款　单

年　月　日　　　　　　第 QF20180902 号

<table>
<tr><td colspan="2">请款部门：</td><td>付款方式</td><td></td><td>附票据____张</td></tr>
<tr><td colspan="4">金额：人民币（大写）</td><td>（小写）¥：</td></tr>
<tr><td colspan="5">事由：</td></tr>
<tr><td>单位负责人</td><td>部门负责人</td><td>财务负责人</td><td colspan="2">请款人</td></tr>
<tr><td></td><td></td><td></td><td colspan="2"></td></tr>
</table>

货物运输业增值税专用发票
发票联

1200087609　　　　No. 01117049

校验码：27609603047839845619　　　　开票日期：2018年09月19日

<table>
<tr><td>承运人及
纳税人识别号</td><td>山西佳佳快运有限公司
140102100254330</td><td rowspan="2">密码区</td><td colspan="2" rowspan="2">5%59#>%&*962@>%@*7&*#$*
#$*75402@*79$9&#$9&#>4#40
@%&*#$9>27578</td></tr>
<tr><td>实际受票方及
纳税人识别号</td><td>山西四美实业有限公司
230102100120084</td></tr>
<tr><td>收货人及
纳税人识别号</td><td>山东远大有限公司
360104201654329</td><td>发货人及
纳税识别号</td><td colspan="2">山西四美实业有限公司
230102100120084</td></tr>
<tr><td>起运地、经由、到达地</td><td colspan="4">太原到济南</td></tr>
<tr><td>费用项目及金额</td><td>费用项目　金额
运费　1 200.00
现金付讫</td><td>运输货物信息</td><td colspan="2">A产品</td></tr>
<tr><td>合计金额</td><td>¥1 200.00　税率 10%　税额 ¥120.00</td><td>机器编号</td><td colspan="2">2015012687</td></tr>
<tr><td>价税合计（大写）</td><td colspan="2">人民币壹仟叁佰贰拾元整</td><td colspan="2">（小写）¥：1 320.00</td></tr>
<tr><td>车牌号码</td><td>车船吨位</td><td rowspan="2">备注</td><td colspan="2" rowspan="2">山西佳佳快运有限公司
140102100254330
发票专用章</td></tr>
<tr><td>主管税务机关及代码</td><td>太原市地方税务局征收管理局
14010411223344</td></tr>
</table>

收款人：张亮　　复核：吴刚　　开票人：华芳　　承运人（章）

22. 9月30日，向太原居然商贸有限公司销售A产品280件，单价590元，成本400元，货款对方已通过网银支付。要求填制销售出库单（发货单）、产品出库单并开具增值税专用发票。（购货方信息：纳税人识别号：140102100254330；地址及电话：太原市小店路3号；开户行及账号：中国农业银行长风支行6228035123454330）

销售出库单

客户名称： 年 月 日 第SX20180902号

订单号： 发货仓库：

编号	产品名称及型号	单位	数量	单价	金额
合计					

记账： 审核： 提货： 制单：

第二联 销售

产品出库单

客户名称： 年 月 日 第CK20180902号

销售单号： 发货仓库：

编号	产品名称及型号	单位	数量	单价	金额
合计					

记账： 审核： 提货： 仓库保管员：

第一联 存根

山西省增值税专用发票

发票联

2018087610　　　　　　　　　　　　　　　　No. 01117050

校验码：27609603047839845620　　　　　　开票日期：　　年　　月　　日

购货单位	名　　称：		密码区	5%59#＞%&*962@＞%@*7&**# $*#$*75402@*79$9&#$9&$ *#$96&＜#＞%#$92@*7＞%& *9*$&＜#＞4#40@%&478＜6686
	纳税人识别号：			
	地 址 、电 话：			
	开户行及账号：			

货物或应税劳务名称	规格型号	单位	数量	单价	金额	税率/%	税额
合计							
价税合计（大写）					（小写）¥：		

销货单位	名　　称：		备注	山西四美实业有限公司 140102100120084 发票专用章
	纳税人识别号：			
	地 址 、电 话：			
	开户行及账号：			

收款人：　　　　　复核：　　　　　开票人：　　　　　销货单位（章）：

第四联　记账联　销售方记账凭证

中国工商银行客户专用回单

币别：人民币　　　　2018 年 09 月 30 日　　　　流水号：622202201830

付款人	全　　称	太原居然商贸有限公司	收款人	全　　称	山西四美实业有限公司
	账　　号	6228035123454330		账　　号	6222035123456789
	开户银行	中国农业银行长风支行		开户银行	中国工商银行和平路支行
金额	人民币（大写）壹拾玖万壹仟陆佰叁拾贰元整			（小写）¥：191632.00	
结算方式	网银	用途	支付货款		

汇划日期：2018－09－30
汇入行行号：105005411132
汇入行行名：中国工商银行和平路支行
原凭证金额：191632.00
附言：

打印柜员：3201415198
打印机构：中国工商银行和平路支行

中国工商银行
电子回单
专用章

打印时间：2018－09－30　　　交易柜员：34484789470　　　交易机构：68485979476547

第二联　贷方　回单

（五）财务成果形成及分配过程

23．9 月 11 日，出纳收到仓库保管员宋英交来的卖废品款 360 元。要求填制现金收据。

收　　据

入账日期　　年　月　日　　　　　　　　第 20180903 号

交款单位＿＿＿＿＿＿＿＿＿＿＿＿＿＿＿　收款方式＿＿＿＿＿＿＿＿

人民币（大写）＿＿＿＿＿＿＿＿＿＿＿＿＿　小写：＿＿＿＿＿＿＿＿

收款事由＿＿＿＿＿＿＿＿＿＿＿＿＿＿＿＿＿＿＿＿＿＿＿＿＿＿

年　月　日

第一联　存根

财务主管：　　记账：　　出纳：　　审核：　　经办：

24．9 月 16 日，采购部刘淇用现金购买办公用品并取得增值税专用发票，价款共计 1 170元整。要求填制费用报销单。

费 用 报 销 单

报销部门：　　　　年　月　日　　　　第 20180904 号

编号	报销项目	摘要	金额							单据张数	备注
			万	千	百	十	元	角	分		
合计	人民币（大写）										
原借金额			应补（退）金额								

财务主管：　　复核：　　出纳：　　报销人：

山西省增值税专用发票

发票联

2018087611　　No. 01117051

校验码：27609603047839845621　　开票日期：2018 年 09 月 16 日

<table>
<tr><td rowspan="4">购货单位</td><td>名　　称：</td><td colspan="3">山西四美实业有限公司</td><td rowspan="4">密码区</td><td colspan="3" rowspan="4">5%59#>%&*962@>%@*7&*#
$*#$*75402@*79$9&#$9&$
*#$96&<#>%#$92@*7>%&
9$&<#>4#40@%&467<8568</td></tr>
<tr><td>纳税人识别号：</td><td colspan="3">140102100120084</td></tr>
<tr><td>地 址 、电 话：</td><td colspan="3">太原市和平路 13 号 0351－6789666</td></tr>
<tr><td>开户行及账号：</td><td colspan="3">中国工商银行和平路支行
6222035123456789</td></tr>
<tr><td colspan="2">货物或应税劳务名称</td><td>规格型号</td><td>单位</td><td>数量</td><td>单价</td><td>金额</td><td>税率/%</td><td>税额</td></tr>
<tr><td colspan="2">复印纸</td><td>A4</td><td>箱</td><td>10</td><td>100.00</td><td>1 000.00</td><td>16%</td><td>160.00</td></tr>
<tr><td colspan="2"></td><td></td><td></td><td></td><td></td><td></td><td></td><td></td></tr>
<tr><td colspan="2"></td><td></td><td colspan="3">现 金 付 讫</td><td></td><td></td><td></td></tr>
<tr><td colspan="2">合计</td><td></td><td></td><td></td><td></td><td>1 000.00</td><td>16%</td><td>160.00</td></tr>
<tr><td colspan="2">价税合计（大写）</td><td colspan="5">人民币壹仟壹佰陆拾元整</td><td colspan="2">（小写）¥：1 160.00</td></tr>
<tr><td rowspan="4">销货单位</td><td>名　　称：</td><td colspan="3">太原市新华文化用品有限公司</td><td rowspan="4">备注</td><td colspan="3" rowspan="4">太原市新华文化用品有限公司
140102100254332
发票专用章</td></tr>
<tr><td>纳税人识别号：</td><td colspan="3">140102100254332</td></tr>
<tr><td>地 址 、电 话：</td><td colspan="3">0351－6789332</td></tr>
<tr><td>开户行及账号：</td><td colspan="3">中国农业银行高新支行
6228035123454332</td></tr>
</table>

收款人：王华　　复核：刘敏　　开票人：吴锐　　销货单位（章）：

第三联 发票联 购货方记账凭证

25. 9 月 30 日，计提本月应负担的 9 月 1 日借入的长、短期借款利息，要求填制借款利息计算表。

借款利息计算表

年　月　日　　第 20180904 号

借款种类	借款日期	借款本金（元）	期限	年利率	本期计提（元）
长期借款					
短期借款					
合　计					

财务主管：　　制单：

26. 9 月 30 日，计算本月应交增值税税额，要求填制应交增值税计算表。

应交增值税计算表

年　月　日　　　　第 20180906 号

项目名称	金额
销项税额	
进项税额	
应纳税额合计	

财务主管：　　　　制单：

27. 9 月 30 日，计提当月应缴纳的城建税和教育费附加，要求填制应交城建税、教育费附加税额计算表。

应交城建税、教育费附加税额计算表

年　月　日　　　　第 20180907 号

项目名称	应交增值税额	税率	实缴金额
城市维护建设税			
教育费附加			
合　计			

财务主管：　　　　制单：

28. 9 月 30 日，计算本月应交所得税税额，要求填制所得税计算表。

应交所得税计算表

年　月　日　　　　第 20180908 号

项目名称		金额
本月利润总额		
纳税调整项目	调增项目	
	调减项目	
本月应纳税所得额		
所得税适用税率		
本月应纳税额		

财务主管：　　　　制单：

29. 9 月 30 日，结转本月损益类账户，要求根据本月发生的业务填制内部损益结转表。

内部损益结转表

年　月　日　　　　第 20180909 号

损益类账户名称	账户发生额	
	借方	贷方

财务主管：　　　　制单：

30. 9 月 30 日，按本月净利润的 20%分配利润（无原始凭证）。

31. 9 月 30 日，按本月净利润的 15%计提盈余公积（无原始凭证）。

项目二 记账凭证的填制与审核

一、实验目的

通过实验使学生掌握记账凭证的基本内容、填制方法及其审核。

（一）记账凭证的基本内容

1. 记账凭证的名称。
2. 记账凭证的填制日期。
3. 记账凭证的编号。
4. 经济业务内容摘要。
5. 会计分录（账户名称、借贷方向及金额）。
6. 所附原始凭证的张数。
7. 相关人员签名（或签章）。

（二）记账凭证的填制步骤与要求

1. 以审核无误的原始凭证作为填制记账凭证的依据（期末结转和更正错账业务除外）。

2. 选择正确的记账凭证。如采用专用记账凭证的单位，应根据业务内容选择收款凭证、付款凭证或转账凭证。

3. 日期栏一般应按填制日期填写，期末结转业务的日期应写月末日期。

4. 编号要规范，根据业务量的多少选择正确的编号方法，如果一笔经济业务（即一个会计分录）需要填写两张或以上记账凭证的，应采用分数编号法。

5. 摘要填写要简明准确。

6. 按凭证格式正确填写会计分录，记账凭证金额栏不得有空行。如果填写错误应当重新填制，或按照错账更正的方法正确更正。

7. 正确填写所附原始凭证张数，如果一张原始凭证所列支出需要几个单位共同负担的，应根据其他单位负担的部分给对方开具原始凭证分割单。

8. 制单、审核、出纳、记账、复核、会计主管等相关人员应签名或盖章。

（三）记账凭证审核的内容

1. 审核记账凭证的内容是否真实。主要包括：记账凭证是否附有原始凭证，所附原始凭证项目是否齐全，其内容是否合法、与记账凭证所记录的业务内容是否相符。

2. 审核记账凭证的项目是否齐全。主要包括：记账凭证各项目的填写是否齐全，如填制日期、凭证编号、会计科目、金额、所附原始凭证张数及相关人员签章等。

3. 审核记账凭证的科目是否正确。主要包括：记账凭证应借、应贷的会计科目是否正确，账户的对应关系是否清晰，所使用的会计科目及其核算内容是否符合会计准则和制度的规定等。

4. 审核记账凭证的金额是否正确。主要包括：记账凭证所记录的金额与原始凭证的有关金额是否一致、计算是否正确。

5. 审核记账凭证的书写是否正确。主要包括：记账凭证中的记录是否文字工整、数字清晰等。

二、实验要求

1. 要求学生根据项目一中山西四美实业有限公司 2018 年 9 月的各业务所涉及的原始凭证填制专用记账凭证并审核。

2. 要求学生根据下列给定的山西四美实业有限公司 2018 年 10 月审核无误的各经济业务的原始凭证填制专用记账凭证并审核。

三、企业基本信息

企业名称：山西四美实业有限公司

法定代表人：刘三美

纳税人识别号：140102100120084

地址及电话：太原市和平路 13 号　0351－6789666

开户行及账号：中国工商银行和平路支行 6222035123456789

企业适用会计方法与会计政策：

山西四美实业有限公司为增值税一般纳税人，适用税率为 16%，假设其取得的增值税进项税额均符合抵扣条件。所得税税率为 25%，采用按月预缴、年终汇算清缴的计税方法。该公司产品销售均满足收入确认条件，存货核算采用实际成本法，存货成本核算采用全月一次加权平均法，于月末一次结转。

相关人员信息：

副总经理兼财务主管：石国英　　会计：张大美　　出纳：王鑫鑫

生产主管：贾二美　　车间员工：马冬青　　审核：沈鹏

采购主管：杜小美　　采购业务员：刘淇　　仓库保管员：宋英

销售主管：赵正　　销售业务员：王菲芬

四、经济业务

1.10 月 5 日，取得原始凭证 4 张。

中国工商银行　电汇凭证（回单）　　1

☑普通　　□加急　　委托日期：2018 年 10 月 05 日　　No. 17011543

付款人	全　称	山西四美实业有限公司	收款人	全　称	山西长城有限公司
	账　号	6222035123456789		账　号	6222035123454322
	汇出地点	山西省太原市		汇入地点	山西省太原市
汇出行名称		中国工商银行北营支行	汇入行名称		中国工商银行武顺支行

金额	人民币（大写）肆万玖仟壹佰零贰元捌角整	亿	千	百	十	万	千	百	十	元	角	分
					¥	4	9	1	0	2	8	0

汇出行签章	支付密码	36437486
中国工商银行 和平路支行 2018年10月05日	附加信息及用途：支付 60%的 5 日采购货款 复核 刘念　　记账 张明	

山西省增值税专用发票

发票联

（全国统一发票监制章 国家税务总局监制）

1300087601　　No. 01710041

校验码：27609603047839845611　　开票日期：2018 年 10 月 05 日

购货单位	名　称：山西四美实业有限公司 纳税人识别号：140102100120084 地 址 、电 话：太原市和平路 13 号 0351－6789666 开户行及账号：中国工商银行和平路支行 6222035123456789	密码区	5%59#>%&*962@>%@*7&*# $*#$*75402@*79$9&#$9&$ *#$96&<#>%#$92@*7>%& *9*$&<#>4#40@%&*#$9> 276<4325

货物或应税劳务名称	规格型号	单位	数量	单价	金额	税率/%	税额
甲材料		公斤	100	218.00	21 800.00	16%	3 488.00
乙材料		公斤	150	325.00	48 750.00	16%	7 800.00
合计					70 550.00	16%	11 288.00
价税合计（大写）	人民币捌万壹仟捌佰叁拾捌元整					(小写)¥：81 838.00	

销货单位	名　称：山西长城有限公司 纳税人识别号：140102100254321 地 址 、电 话：北营新村 0351－6789322 开户行及账号：中国工商银行北营支行 6222035123454322	备注	山西长城有限公司 140102100254321 发票专用章

收款人：陈明　　复核：王林　　开票人：李林　　销货单位（章）：

第二联　抵扣联　购货方抵扣凭证

山西省增值税专用发票

发票联

1300087601　　　　　　　　　　　　　　No. 01710041

校验码：27609603047839845611　　　　　　开票日期：2018 年 10 月 05 日

购货单位	名　　称：	山西四美实业有限公司		密码区	5%59＃＞%&＊962@＞%@＊7&＊＃$＊＃$＊75402@＊79$9&＃$9&$＊＃$96&＜＃＞%＃$92@＊7＞%&＊9＊$&＜＃＞4＃40@%&＊＃$9＞276＜4325		
	纳税人识别号：	140102100120084					
	地 址 、电 话：	太原市和平路 13 号 0351－6789666					
	开户行及账号：	中国工商银行和平路支行 6222035123456789					
货物或应税劳务名称	规格型号	单位	数量	单价	金额	税率/%	税额
甲材料		公斤	100	218.00	21 800.00	16%	3 488.00
乙材料		公斤	150	325.00	48 750.00	16%	7 800.00
合计					70 550.00	16%	11 288.00
价税合计（大写）	人民币捌万壹仟捌佰叁拾捌元整					（小写）¥：11 838.00	
销货单位	名　　称：	山西长城有限公司		备注			
	纳税人识别号：	140102100254321					
	地 址 、电 话：	北营新村 0351－6789322					
	开户行及账号：	中国工商银行北营支行 6222035123454322					

收款人：陈明　　　复核：王林　　　开票人：李林　　　销货单位（章）：

第三联　发票联　购货方记账凭证

收　料　单

供应单位：山西长城有限公司　　　　　　　　　第 SL20181001 号

发票号码：01710041　　　2018 年 10 月 5 日　　　收料仓库：原材料库

编号	材料名称及规格	单位	数量		实际价格			
			应收	实收	单价	发票金额	运杂费	合计
101	甲材料	公斤	100	100	218.00	21 800.00		21 800.00
102	乙材料	公斤	150	150	325.00	48 750.00		48 750.00
合　计								70 550.00

记账：张大美　　仓库保管员：宋英　　采购业务员：刘淇　　采购主管：杜小美

记账联

2. 10 月 6 日，取得原始凭证 1 张。

中国工商银行客户专用回单

币别：人民币　　2018 年 09 月 06 日　　流水号：622202201810

付款人	全　称	山西四美实业有限公司	收款人	全　称	山西华峰有限公司
	账　号	6222035123456789		账　号	6217035123454333
	开户银行	中国工商银行和平路支行		开户银行	中国建设银行柳北支行
金额	人民币（大写）伍万元整			(小写)￥：50 000.00	
结算方式	网银	用途	预付采购货款		
汇划日期：2018－10－06 汇出行行号：105005411132 汇出行行名：中国工商银行和平路支行 原凭证金额：50 000.00 附言：			打印柜员：3201415198 打印机构：中国工商银行和平路支行 中国工商银行 电子回单专用章		

打印时间：2018－10－06　　交易柜员：34484789470　　交易机构：68485979476547

第一联　借方　回单

3. 10 月 9 日，取得原始凭证 4 张。

中国工商银行　进账单（收账通知）　1

2018 年 10 月 09 日　　2018100913

收款人	全　称	山西四美实业有限公司	付款人	全　称	山东远大有限公司
	账　号	6222035123456789		账　号	6217053123454329
	开户银行	中国工商银行和平路支行		开户银行	中国建设银行山前支行
人民币（大写）捌万元整					千 百 十 万 千 百 十 元 角 分 　　￥ 8 0 0 0 0 0 0
票据种类		票据张数	1	开户银行签章 中国工商银行 和平路支行 2018年09月20日	
票据号码	69896369				
复核 刘念　记账 张明					

此联是银行交给收款人的收款通知

山西省增值税专用发票

发票联

1300087602　　　　No. 01710042

校验码：27609603047839845612　　　　开票日期：2018 年 10 月 09 日

购货单位	名　称：	山东远大有限公司	密码区	5％59＃＞％＆＊952＠＞％＠＊7＆＊＃＄＊＃＄＊75402＠＊79＄9＆＃＄9＆＄＊＃＄96＆＜＃＞％＃＄92＠＊7＞％＆＊9＊＄＆＜＃＞4＃40＠％＆＊＃＄9＞276＜5688
	纳税人识别号：	360104201654329		
	地 址 、电 话：	济南市山前路 53 号 0531－6789329		
	开户行及账号：	中国农业银行山前支行 6217053123454329		

货物或应税劳务名称	规格型号	单位	数量	单价	金额	税率/％	税额
A 产品		件	100	600.00	60 000.00	16％	9 600.00
B 产品		件	100	580.00	58 000.00	16％	9 280.00
合计					118 000.00	16％	18 880.00
价税合计（大写）：	人民币壹拾叁万陆仟捌佰捌拾元整					（小写）￥：136 880.00	

销货单位	名　称：	山西四美实业有限公司	备注	山西四美实业有限公司 140102100120084 发票专用章
	纳税人识别号：	140102100120084		
	地 址 、电 话：	太原市和平路 13 号 0351－6789666		
	开户行及账号：	中国工商银行和平路支行 6222035123456789		

收款人：王鑫鑫　　　复核：张大美　　　开票人：王鑫鑫　　　销货单位（章）：

第四联　记账联　销售方记账凭证

销售出库单

客户名称：山东远大有限公司　　　2018 年 10 月 09 日　　　第 SX20181001 号

订单号：2018100901　　　发货仓库：成品库

编号	产品名称及型号	单位	数量	单价	金额
201	A 产品	件	100	600.00	60 000.00
202	B 产品	件	100	580.00	58 000.00
合　计			200		118 000.00

记账：张大美　　　审核：赵正　　　提货：钟家明　　　制单：王菲芬

第三联　财务

产品出库单

客户名称：山东远大有限公司　　2018 年 10 月 09 日　　第 CK20181001 号

销售单号：SX20181001　　发货仓库：成品库

编号	产品名称及型号	单位	数量	单价	金额
201	A 产品	件	100		
202	B 产品	件	100		
合　计					

第二联　财务

记账：张大美　　审核：杜小美　　提货：钟家明　　仓库保管员：宋英

4. 10 月 9 日，取得原始凭证 1 张。

中国工商银行客户专用回单

转账日期：2018 年 10 月 09 日

凭证字号：2018100934552234

纳税人全称及纳税人识别号：山西四美实业有限公司 140102100120084

付款人全称：山西四美实业有限公司

付款人账号：6222035123456789　　征收机关名称：太原市高新区国家税务局

付款人开户银行：中国工商银行和平路支行　　收缴国库（银行）名称：国家金库太原市高新区支行

小写（合计）金额：7 990.00　　缴款书交易流水号：2018100966874892

大写（合计）金额：捌仟肆佰捌拾叁元　　税票号码：397565422568

税（费）种名称	所属时期	实缴金额
增值税	20180901—20180930	7 990.00

中国工商银行 电子回单专用章

5. 10 月 9 日，取得原始凭证 1 张。

中国工商银行客户专用回单

转账日期：2018 年 10 月 09 日

凭证字号：2018100934552452

纳税人全称及纳税人识别号：山西四美实业有限公司 140102100120084			
付款人全称：山西四美实业有限公司			
付款人账号：6222035123456789		征收机关名称：太原市高新区国家税务局	
付款人开户银行：中国工商银行和平路支行		收缴国库（银行）名称：国家金库太原市高新区支行	
小写（合计）金额：878.90		缴款书交易流水号：2018100966874912	
大写（合计）金额：玖佰叁拾叁元壹角叁分		税票号码：397565422568	
税（费）种名称	所属时期	实缴金额	
城市维护建设税	20180901－20180930	559.30	
教育费附加	20180901－20180930	319.60	
			中国工商银行 电子回单专用章

6. 10 月 10 日，取得原始凭证 1 张。

中国工商银行转账支票存根

支票号码　icbc20181051

科　　目＿＿＿＿＿＿＿＿

对方科目＿＿＿＿＿＿＿＿

出票日期 2018 年 10 月 10 日

收款人：山西四美实业有限公司
金　额：¥10 000.00
用　途：备用金
备　注：

单位主管：刘三美　会计：张大美

7. 10 月 11 日，取得原始凭证 3 张。

费用报销单

报销部门： 年 月 日 第 20180904 号

编号	报销项目	摘要	金额							单据张数	备注
			万	千	百	十	元	角	分		
1	招待费	餐饮费			4	0	0	0	0	1	
合计	人民币（大写）肆佰元整			¥	4	0	0	0	0		
原借金额		0	应补（退）金额							400.00	

财务主管：石国英 复核：张大美 出纳：王鑫鑫 报销人：贾二美

山西省增值税专用发票

发票联

1300087603 No. 01710043

校验码：27609603047839845613 开票日期：2018 年 10 月 10 日

购货单位	名称：	山西四美实业有限公司	密码区	5%59＃＞%＆＊962@＞%@＊7＆＊＃ $＊＃$＊75402@＊79$9＆＃$9＆$ ＊＃$96＆＜＃＞%＃$92@＊7＞%＆ ＊9＊$＆＜＃＞4＃40@%＆4678＜9865
	纳税人识别号：	140102100120084		
	地址、电话：	太原市和平路 13 号 0351－6789666		
	开户行及账号：	中国工商银行和平路支行 6222035123456789		

货物或应税劳务名称	规格型号	单位	数量	单价	金额	税率/%	税额
餐费			1	377.36	377.36	6%	22.64
合计					377.36	6%	22.64
价税合计（大写）	人民币肆佰元整					（小写）¥：400.00	

现金付讫

销货单位	名称：	太原市一品斋餐饮有限公司	备注	
	纳税人识别号：	140102100254334		
	地址、电话：	0351－6789334		
	开户行及账号：	中国农业银行平阳支行 6228035123454334		

太原市一品斋餐饮有限公司 140102100254321 发票专用章

收款人：刘超 复核：郭瑞 开票人：方华 销货单位（章）：

第三联 发票联 购货方记账凭证

山西省增值税专用发票

发票联

1300087603　　　　　　　　　　　　　　　　No. 01710043

校验码：27609603047839845613　　　　　　　开票日期：2018 年 10 月 10 日

购货单位	名　　称：	山西四美实业有限公司	密码区	5%59＃＞%＆＊962@＞%@＊7＆＊＃
	纳税人识别号：	140102100120084		$＊＃$＊75402@＊79$9＆＃$9＆$
	地 址 、电 话：	太原市和平路 13 号 0351－6789666		＊＃$96＆＜＃＞%＃$92@＊7＞%＆
	开户行及账号：	中国工商银行和平路支行 6222035123456789		＊9＊$＆＜＃＞4＃40@%＆4678＜9865

货物或应税劳务名称	规格型号	单位	数量	单价	金额	税率/%	税额
餐费			1	377.36	377.36	6%	22.64
合计					377.36	6%	22.64
价税合计（大写）	人民币肆佰元整					（小写）￥：400.00	

销货单位	名　　称：	太原市一品斋餐饮有限公司	备注	
	纳税人识别号：	140102100254334		
	地 址 、电 话：	0351－6789334		
	开户行及账号：	中国农业银行平阳支行 6228035123454334		太原市一品斋餐饮有限公司 140102100254321 发票专用章

收款人：刘超　　　复核：郭瑞　　　开票人：方华　　　销货单位（章）：

第二联　抵扣联　购货方抵扣凭证

8. 10 月 12 日取得原始凭证 1 张。

中国工商银行转账支票存根

支票号码　icbc20181052

科　　目________________

对方科目________________

出票日期 2018 年 12 月 12 日

收款人：中国红十字会
金　额：￥5 000.00
用　途：捐赠
备　注：

单位主管：刘三美　　会计：张大美

9. 10 月 16 日，取得原始凭证 4 张。

收　料　单

供应单位：山西华峰有限公司　　　　　　　　　　　　　　第 SL20181002 号

发票号码：01710044　　　　　　2018 年 10 月 16 日　　　　　　收料仓库：原材料库

编号	材料名称及规格	单位	数量		实际价格			
			应收	实收	单价	发票金额	运杂费	合计
101	甲材料	公斤	200	200	220.00	44 000.00		44 000.00
合　计								44 000.00

记账联

记账：张大美　　　　仓库保管员：宋英　　　　采购业务员：刘淇　　　　采购主管：杜小美

山西省增值税专用发票

发票联

1300087604　　　　　　　　　　　　　　　　　　　　No. 01710044

校验码：27609603047839845614　　　　　　　　　　开票日期：2018 年 10 月 16 日

购货单位	名　称：	山西四美实业有限公司	密码区	5％59＃＞％＆＊962＠＞％＠＊7＆＊＃＄＊＃＄＊75402＠＊79＄9＆＃＄9＆＄＊＃＄96＆＜＃＞％＃＄92＠＊7＞％＆＊9＊＄＆＜＃＞4＃40＠％＆＊＃＄9＞276＜5225
	纳税人识别号：	140102100120084		
	地 址 、电 话：	太原市和平路 13 号 0351－6789666		
	开户行及账号：	中国工商银行和平路支行 6222035123456789		

货物或应税劳务名称	规格型号	单位	数量	单价	金额	税率/％	税额
甲材料		公斤	200	220.00	44 000.00	16％	7 040.00
合计					44 000.00	16％	7 040.00
价税合计（大写）	人民币伍万壹仟零肆拾元整					（小写）￥：51 040.00	

销货单位	名　称：	山西华峰有限公司	备注	山西华峰有限公司 140102100254333 发票专用章
	纳税人识别号：	140102100254333		
	地 址 、电 话：	太原市柳北街 28 号 0351－6789333		
	开户行及账号：	中国建设银行柳北支行 6217035123454333		

收款人：刘晓红　　　　复核：王辉　　　　开票人：张作浩　　　　销货单位（章）：

第二联　抵扣联　购货方抵扣凭证

山西省增值税专用发票
发票联

1300087604　　　　　　　　　　　　　　　　　　　　No. 01710044

校验码：27609603047839845614　　　　　　　　　开票日期：2018 年 10 月 16 日

购货单位	名　　称：	山西四美实业有限公司		密码区	5%59#＞%&*962@＞%@*7&*# $*#$*75402@*79$9&#$9&$ *#$96&＜#＞%#$92@*7＞%& *9*$&＜#＞4#40@%&*#$9＞ 276＜5225		
	纳税人识别号：	140102100120084					
	地 址 、电 话：	太原市和平路 13 号 0351－6789666					
	开户行及账号：	中国工商银行和平路支行 6222035123456789					
货物或应税劳务名称	规格型号	单位	数量	单价	金额	税率/%	税额
甲材料		公斤	200	220.00	44 000.00	16%	7 040.00
合计					44 000.00	16%	7 040.00
价税合计（大写）	人民币伍万壹仟零肆拾元整					（小写）￥：51 040.00	
销货单位	名　　称：	山西华峰有限公司		备注			
	纳税人识别号：	140102100254333					
	地 址 、电 话：	太原市柳北街 28 号 0351－6789333					
	开户行及账号：	中国建设银行柳北支行 6217035123454333					

收款人：刘晓红　　　　复核：王辉　　　　开票人：张作浩　　　　销货单位（章）：

第三联　发票联　购货方记账凭证

中国工商银行客户专用回单

币别：人民币　　　　　　　　2018 年 10 月 16 日　　　　　　　　流水号：62220220183244

付款人	全　　称	山西四美实业有限公司	收款人	全　　称	山西华峰有限公司
	账　　号	6222035123456789		账　　号	6217035123454333
	开户银行	中国工商银行和平路支行		开户银行	中国建设银行柳北支行
金额	人民币（大写）壹仟零肆拾元整			（小写）￥：1 040.00	
结算方式	网银	用途	支付采购货款不足部分		
汇划日期：2018－10－16 汇出行行号：105005411132 汇出行行名：中国工商银行和平路支行 原凭证金额：1 040.00 附言：			打印柜员：3201415198 打印机构：中国工商银行和平路支行		

打印时间：2018－10－16　　　　交易柜员：34484789470　　　　交易机构：68485979476547

第一联　借方　回单

10. 10 月 17 日，取得原始凭证 3 张。

山西省增值税专用发票

发票联

1300087605　　　　　　　　　　　　　　No. 01710045

校验码：27609603047839845615　　　　　开票日期：2018 年 10 月 17 日

购货单位			密码区
名　　称：	开封市大宇商贸有限公司		5%59＃＞%&＊962@＞%@＊7&＊＃
纳税人识别号：	460102100254328		$＊＃$＊75402@＊79$9&＃$9&$
地 址 、电 话：	开封市人民路 115 号 0371－6789328		＊＃$96&＜＃＞%＃$92@＊7＞%&
开户行及账号：	中国农业银行山前支行 6228037123454328		＊9＊$&＜＃＞4＃40@%&＊＃$9＞276＜3124

货物或应税劳务名称	规格型号	单位	数量	单价	金额	税率/%	税额
A 产品		件	200	590.00	118 000.00	16%	18 880.00
合计					118 000.00	16	18 880.00
价税合计（大写）	人民币壹拾叁万陆仟捌佰捌拾元整					（小写）¥：136 880.00	

销货单位		备注
名　　称：	山西四美实业有限公司	山西四美实业有限公司 140102100120084 发票专用章
纳税人识别号：	140102100120084	
地 址 、电 话：	太原市和平路 13 号 0351－6789666	
开户行及账号：	中国工商银行和平路支行 6222035123456789	

收款人：王鑫鑫　　　复核：张大美　　　开票人：王鑫鑫　　　销货单位（章）：

第四联 记账联 销售方记账凭证

销售出库单

客户名称：开封市大宇商贸有限公司　　　2018 年 10 月 17 日　　　第 SX20181002 号

订单号：2018101702　　　　　　　　　　　　　　　　　　　　　发货仓库：成品库

编号	产品名称及型号	单位	数量	单价	金额
201	A 产品	件	200	590.00	118 000.00
合　计			200		118 000.00

记账：张大美　　　审核：赵正　　　提货：钟家明　　　制单：王菲芬

第三联 财务

产品出库单

客户名称：开封市大宇商贸有限公司　　2018 年 10 月 17 日　　第 CK20181002 号

销售单号：SX20181002　　发货仓库：成品库

编号	产品名称及型号	单位	数量	单价	金额
201	A 产品	件	200		
合　计			200		

记账：张大美　　审核：杜小美　　提货：钟家明　　仓库保管员：宋英

第二联　财务

11. 10 月 18 日，取得原始凭证 3 张。

山西省增值税专用发票

发票联

1300087606　　No. 01710046

校验码：27609603047839845616　　开票日期：2018 年 10 月 18 日

购货单位	名　称：	山西四美实业有限公司	密码区	5％59＃＞％&＊962@＞％@＊7&＊＃$＊＃$＊75402@＊79$9&＃$9&$＊＃$96&＜＃＞％＃$92@＊7＞％&＊9＊$&＜＃＞4＃40@％&＊＃$9＞276＜5235
	纳税人识别号：	140102100120084		
	地 址 、电 话：	太原市和平路 13 号 0351－6789666		
	开户行及账号：	中国工商银行和平路支行 6222035123456789		

货物或应税劳务名称	规格型号	单位	数量	单价	金额	税率/％	税额
甲材料		公斤	200	218.00	43 600. 00	16％	6 976. 00
合计					43 600.00	16％	6 976.00
价税合计（大写）	人民币伍万零伍佰柒拾陆元整						（小写）￥：50 576.00

销货单位	名　称：	山西长城有限公司	备注	
	纳税人识别号：	140102100254321		
	地 址 、电 话：	北营新村 0351－6789322		
	开户行及账号：	中国工商银行北营支行 6222035123454322		

收款人：陈明　　复核：王林　　开票人：李林　　销货单位（章）：

（印章：山西长城有限公司 140102100254321 发票专用章）

第二联　抵扣联　购货方抵扣凭证

山西省增值税专用发票

发票联

1300087606　　　　　　　　　　　　　　　　　　No. 01710046

校验码：27609603047839845616　　　　　　　　开票日期：2018 年 10 月 18 日

购货单位	名　称：	山西四美实业有限公司			密码区	5%59＃＞%＆＊962@＞%@＊7＆＊＃$＊＃$＊75402@＊79$9＆＃$9＆$＊＃$96＆＜＃＞%＃$92@＊7＞%＆＊9＊$＆＜＃＞4＃40@%＆＊＃$9＞276＜5235		
	纳税人识别号：	140102100120084						
	地 址 、电 话：	太原市和平路 13 号 0351－6789666						
	开户行及账号：	中国工商银行和平路支行 6222035123456789						
货物或应税劳务名称	规格型号	单位	数量	单价	金额	税率/%	税额	
甲材料		公斤	200	218.00	43 600. 00	16%	6 976. 00	
合计					43 600.00	16%	6 976.00	
价税合计（大写）	人民币伍万零伍佰柒拾陆元整					（小写）￥：50 576.00		
销货单位	名　称：	山西长城有限公司			备注			
	纳税人识别号：	140102100254321						
	地 址 、电 话：	北营新村 0351－6789322						
	开户行及账号：	中国工商银行北营支行 6222035123454322						

收款人：陈明　　　　复核：王林　　　　开票人：李林　　　　销货单位（章）：

第三联　发票联　购货方记账凭证

中国工商银行客户专用回单

币别：人民币　　　　2018 年 10 月 18 日　　　　流水号：62220220184344

付款人	全　称	山西四美实业有限公司	收款人	全　称	山西长城有限公司
	账　号	6222035123456789		账　号	6222035123454322
	开户银行	中国工商银行和平路支行		开户银行	中国工商银行北营支行
金额	人民币（大写）伍万零伍佰柒拾陆元整			（小写）￥：50 576.00	
结算方式	网银	用途	支付采购货款		
汇划日期：2018－10－18 汇出行行号：105005411132 汇出行行名：中国工商银行和平路支行 原凭证金额：50 576.00 附言：			打印柜员：3201415198 打印机构：中国工商银行和平路支行		

打印时间：2018－10－18　　　　交易柜员：34484789470　　　　交易机构：68485979476547

第一联　借方　回单

12. 10 月 20 日，取得原始凭证 4 张。

托 收 凭 证（付款通知）

委托日期2018年10月20日

付款期限　　年　　月　　日

业务类型		委托收款（√） 邮划（　） 电划（　） 托收承付（　）			
付款人	全　称	山西四美实业有限公司	收款人	全　称	太原市电力公司
	账　号	6222035123456789		账　号	6228035123454325
	地　址	山西省太原市		地　址	山西省太原市
	开户行	中国工商银行和平路支行		开户行	中国农业银行迎泽支行

金额	人民币（大写）	亿	千	百	十	万	千	百	十	元	角	分
	壹仟叁佰玖拾贰元整					¥	1	3	9	2	0	0

款项内容	电费	托收凭证名称	电费专用发票	附寄单证张数	1
商品发运情况		合同名称号码			

备注： 付款人开户银行收到日期 2018年10月20日 复核 刘念 记账 张明	中国工商银行 和平路支行 2018年10月20日 付款人开户银行签章 2018年10月20日	付款人注意： 1. 根据支付结算方法，上列委托收款（托收承付）款项在付款期限内未提出拒付，即为同意付款通知。 2. 如需提出全部或部分拒付，应在规定期限内，将拒付理由书并附债务证明退交开户银行。

此联是付款人开户行给付款人按期付款通知

全国统一发票监制章 国家税务总局监制

山西省增值税专用发票

发票联

2018087607　　　　No. 01117047

校验码：27609603047839845617　　　　开票日期：2018 年 10 月 20 日

购货单位	名　称：	山西四美实业有限公司	密码区	5%59#>%&*962@>%@*7&*# $*#$*75402@*79$9&#$9&$ *#$96&<#>%#$92@*7>%& *9*$&<#>4#40@%&4678<7859
	纳税人识别号：	140102100120084		
	地 址 、电 话：	太原市和平路 13 号 0351－6789666		
	开户行及账号：	中国工商银行和平路支行 6222035123456789		

货物或应税劳务名称	规格型号	单位	数量	单价	金额	税率/%	税额
电费		度	1 200	1.00	1 200. 00	16%	192. 00
合计					1 200.00	16%	192.00
价税合计（大写）	人民币壹仟叁佰玖拾贰元整					（小写）¥：1 392.00	

销货单位	名　称：	太原市电力公司	备注	
	纳税人识别号：	140102100254325		
	地 址 、电 话：	0351－6789325		
	开户行及账号：	中国农业银行迎泽支行 6228035123454325		太原市电力公司 140102100254325 发票专用章

收款人：刘华　　复核：王芳　　开票人：吴昕　　销货单位（章）：

第三联 发票联 购货方记账凭证

山西省增值税专用发票

发票联

1300087607　　　　　　　　　　　　　　　　　　No. 01710047

校验码：27609603047839845617　　　　　　　　开票日期：2018 年 10 月 20 日

购货单位	名　　称：	山西四美实业有限公司	密码区	5%59#＞%&*962@＞%@*7&*# $*#$*75402@*79$9&#$9&$ *#$96&＜#＞%#$92@*7＞%& *9*$&＜#＞4#40@%&4678＜7859
	纳税人识别号：	140102100120084		
	地 址 、电 话：	太原市和平路 13 号 0351－6789666		
	开户行及账号：	中国工商银行和平路支行 6222035123456789		

货物或应税劳务名称	规格型号	单位	数量	单价	金额	税率/%	税额
电费		度	1 200	1.00	1 200. 00	16%	192. 00
合计					1 200.00	16%	192.00
价税合计（大写）	人民币壹仟叁佰玖拾贰元整					（小写）￥：1 392.00	

销货单位	名　　称：	太原市电力公司	备注	
	纳税人识别号：	140102100254325		太原市电力公司 140102100254325 发票专用章
	地 址 、电 话：	0351－6789325		
	开户行及账号：	中国农业银行迎泽支行 6228035123454325		

收款人：刘华　　　　复核：王芳　　　　开票人：吴昕　　　　销货单位（章）：

第二联　抵扣联　购货方抵扣凭证

电费分配表

使用期间		费用总额	
使用部门	分配标准（重量）	分配率	分配金额
车　　间	70%	1 200	840.00
管理部门	30%	1 200	360.00
合计	100%		1 200.00

财务主管：石国英　　　　　　　　制单：张大美

13. 10 月 20 日，取得原始凭证 3 张。

托 收 凭 证（付款通知）

委托日期2018年10月20日

付款期限　　年　月　日

业务类型		委托收款（√）　邮划（　）　电划（　）　托收承付（　）			
付款人	全　称	山西四美实业有限公司	收款人	全　称	太原市自来水公司
	账　号	6222035123456789		账　号	6228035123454326
	地　址	山西省太原市		地　址	山西省太原市
	开户行	中国工商银行和平路支行		开户行	中国农业银行北街支行

金额	人民币（大写）	亿	千	百	十	万	千	百	十	元	角	分
	玖佰玖拾元整						¥	9	9	0	0	0

款项内容	水费	托收凭证名称	电费专用发票	附寄单证张数	1
商品发运情况					

备注：
付款人开户银行收到日期
2018年10月20日
复核 刘念　记账 张明

中国工商银行
和平路支行
2018年10月20日
付款人开户银行签章
2018年10月20日

付款人注意：
1. 根据支付结算方法，上列委托收款（托收承付）款项在付款期限内未提出拒付，即为同意付款通知。
2. 如需提出全部或部分拒付，应在规定期限内，将拒付理由书并附债务证明退交开户银行。

此联是付款人开户行给付款人按期付款通知

山西省增值税专用发票
发票联

全国统一发票监制章

2018087608　　No. 01117048

校验码：27609603047839845618　　开票日期：2018 年 10 月 20 日

购货单位	名　称：	山西四美实业有限公司	密码区	5％59＃＞％＆＊962＠＞％＠＊7＆＊＃ ＄＊＃＄＊75402＠＊79＄9＆＃＄9＆＄ ＊＃＄96＆＜＃＞％＃＄92＠＊7＞％＆ ＊9＊＄＆＜＃＞4＃40＠％＆4678＜7859
	纳税人识别号：	140102100120084		
	地 址 、电 话：	太原市和平路 13 号 0351－6789666		
	开户行及账号：	中国工商银行和平路支行 6222035123456789		

货物或应税劳务名称	规格型号	单位	数量	单价	金额	税率/%	税额
水费		立方米	450	2.00	900.00	10%	90.00
合计					900.00	10%	90.00
价税合计（大写）	人民币玖佰玖拾元整				（小写）¥：990.00		

销货单位	名　称：	太原市自来水公司	备注	
	纳税人识别号：	140102100254326		
	地 址 、电 话：	0351－6789326		
	开户行及账号：	中国农业银行北街支行 6228035123454326		

太原市自来水公司
140102100254326
发票专用章

收款人：王华　　复核：刘敏　　开票人：吴锐　　销货单位（章）：

第三联 发票联 购货方记账凭证

山西省增值税专用发票

发票联

2018087608　　　　　　　　　　　　　　　　　　　　No. 01117048

校验码：27609603047839845618　　　　　　　　　　开票日期：2018 年 10 月 20 日

购货单位		密码区
名　　称：	山西四美实业有限公司	5%59#>%&*962@>%@*7&*#
纳税人识别号：	140102100120084	$*#$*75402@*79$9&#$9&$
地 址 、电 话：	太原市和平路 13 号 0351－6789666	*#$96&<#>%#$92@*7>%&
开户行及账号：	中国工商银行和平路支行 6222035123456789	*9*$&<#>4#40@%&4678<7859

货物或应税劳务名称	规格型号	单位	数量	单价	金额	税率/%	税额
水费		立方米	450	2.00	900.00	10%	90.00
合计					900.00	10%	90.00
价税合计（大写）	人民币玖佰玖拾元整						（小写）￥：990.00

销货单位		备注
名　　称：	太原市自来水公司	太原市自来水公司 140102100254326 发票专用章
纳税人识别号：	140102100254326	
地 址 、电 话：	0351－6789326	
开户行及账号：	中国农业银行北街支行 6228035123454326	

收款人：王华　　　　复核：刘敏　　　　开票人：吴锐　　　　销货单位（章）：

第二联　抵扣联　购货方抵扣凭证

14. 10 月 23 日取得原始凭证 1 张。

中国工商银行转账支票存根

支票号码　icbc20181052

科　　目______________

对方科目______________

出票日期 2018 年 10 月 23 日

收款人：山西四美实业有限公司
金　额：￥51 550.00
用　途：发工资
备　注：

单位主管：刘三美　会计：张大美

15. 10 月 23 日，取得原始凭证 2 张。

山西四美实业有限公司 2018 年 10 月工资明细表

序号	部门	姓名	职位	基本工资	岗位工资	绩效工资	全勤奖	应发工资
1	行政部	刘三美	总经理	2 500.00	1 200.00	1 000.00	100.00	4 800.00
2	行政部	石国英	副总经理	2 000.00	1 000.00	1 000.00	100.00	4 100.00
3	采购部	杜小美	主管	1 500.00	1 000.00	800.00	100.00	3 400.00
4	采购部	刘淇	职员	1 000.00	800.00	600.00	50.00	2 450.00
5	财务部	张大美	会计	1 500.00	1 000.00	800.00	100.00	3 400.00
6	财务部	王鑫鑫	职员	1 000.00	800.00	600.00	50.00	2 450.00
7	销售部	赵正	主管	1 500.00	1 000.00	800.00	100.00	3 400.00
8	销售部	王菲芬	职员	1 000.00	800.00	600.00	50.00	2 450.00
9	生产部	贾二美	主管	1 500.00	1 000.00	800.00	100.00	3 400.00
10	生产部	马冬青	职员	1 000.00	800.00	600.00	50.00	2 450.00
11	生产部	宋英	职员	1 000.00	800.00	600.00	50.00	2 450.00
12	生产部	沈鹏	职员	1 000.00	800.00	600.00	50.00	2 450.00
13	生产部	尤丽华	职员	1 000.00	800.00	600.00	0.00	2 400.00
14	生产部	陈志	职员	1 000.00	800.00	600.00	50.00	2 450.00
15	生产部	刘森	职员	1 000.00	800.00	600.00	50.00	2 450.00
16	生产部	吴芳芳	职员	1 000.00	800.00	600.00	50.00	2 450.00
17	生产部	师国栋	职员	1 000.00	800.00	600.00	50.00	2 450.00
18	生产部	柳飞	职员	1 000.00	800.00	300.00	50.00	2 150.00
合　计				22 500.00	15 800.00	12 100.00	1150.00	51 550.00

工资费用分配表

2018 年 10 月 23 日

应借科目		应付职工薪酬
总账科目	明细科目	
生产成本	A 产品	17 360.00
	B 产品	4 340.00
	小计	21 700.00
制造费用		3 400.00
销售费用		5 850.00
管理费用		20 600.00
合　计		

财务主管：石国英　　　　　　　　制表：张大美

16. 10月23日，取得原始凭证1张。

中国工商银行客户专用回单

币别：人民币　　　　2018年10月23日　　　　流水号：62220220187345

户名	山西四美实业有限公司		账号	6222035123456789	
计息项目	起息日	结息日	本金/积数	利率（%）	利息金额
	2018—09—23	2018—10—23	***/***	6.132%	320.00
合计金额	人民币（大写）叁佰贰拾元整			(小写)￥：320.00	
以上存款利息，已照收你单位6222035123456789账户			打印柜员：3201415198 打印机构：中国工商银行和平路支行 打印卡号：6222035123456789		

（印章：中国工商银行 电子回单 专用章）

打印时间：2018—10—23　　　交易柜员：34484789470　　　交易机构：68485979476547

17. 10月27日，取得原始凭证1张。

收　料　单

供应单位：山西长城有限公司　　　　　　　　第SL20181003号

发票号码：01710046　　　　2018年10月27日　　　　收料仓库：原材料库

编号	材料名称及规格	单位	数量		实际价格			
			应收	实收	单价	发票金额	运杂费	合计
101	甲材料	公斤	200	200	218.00	43 600.00		43 600.00
合　计								43 600.00

记账联

记账：张大美　　仓库保管员：宋英　　采购业务员：刘淇　　采购主管：杜小美

18. 10 月 31 日，取得原始凭证 12 张。

发料凭证汇总表

2018 年 10 月 31 日　　单位：元

用途＼材料名称	甲材料			乙材料			合计金额
	数量	单价	金额	数量	单价	金额	
生产 A 产品	370	218.55	80 863.50	90	323.75	29 137.50	110 001.00
生产 B 产品	110	218.55	24 040.50	70	323.75	22 662.50	46 703.00
小计	480	218.55	104 904.00	160	323.75	51 800.00	156 704.00
车间一般耗用	20	218.55	4 371.00	10	323.75	3 237.50	7 608.50
行政部门耗用	10	218.55	2 185.50				2 185.50
合计	510	218.55	111 460.50	170	323.75	55 037.50	166 498.00

财务主管：石国英　　制表：张大美

领　料　单

领用部门：生产车间　　第 LL20181002 号

用途：生产 A 产品　　2018 年 10 月 06 日　　发料仓库：原材料库

编号	材料名称及规格	单位	数量		单价	金额
			请领	实领		
101	甲材料	公斤	50	50		
合　计			50	50		

记账联

记账：张大美　　仓库保管员：宋英　　经办人：马冬青　　生产主管：贾二美

领　料　单

领用部门：生产车间　　　　　　　　　　　　　　　　　　第 LL20181003 号

用途：生产 B 产品　　　　2018 年 10 月 06 日　　　　发料仓库：原材料库

编号	材料名称及规格	单位	数量		单价	金额
			请领	实领		
101	甲材料	公斤	30	30		
102	乙材料	公斤	30	30		
合　计			60	60		

记账：张大美　　　仓库保管员：宋英　　　经办人：马冬青　　　生产主管：贾二美

记账联

领　料　单

领用部门：生产车间　　　　　　　　　　　　　　　　　　第 LL20181004 号

用途：生产 A 产品　　　　2018 年 10 月 10 日　　　　发料仓库：原材料库

编号	材料名称及规格	单位	数量		单价	金额
			请领	实领		
101	甲材料	公斤	60	60		
合　计			60	60		

记账：张大美　　　仓库保管员：宋英　　　经办人：马冬青　　　生产主管：贾二美

记账联

领 料 单

领用部门：生产车间　　　　第 LL20181005 号

用途：生产 A 产品　　　　2018 年 10 月 16 日　　　　发料仓库：原材料库

编号	材料名称及规格	单位	数量		单价	金额
			请领	实领		
101	甲材料	公斤	80	80		
合 计			80	80		

记账联

记账：张大美　　仓库保管员：宋英　　经办人：马冬青　　生产主管：贾二美

领 料 单

领用部门：生产车间　　　　第 LL20181006 号

用途：生产 B 产品　　　　2018 年 10 月 16 日　　　　发料仓库：原材料库

编号	材料名称及规格	单位	数量		单价	金额
			请领	实领		
101	甲材料	公斤	40	40		
102	乙材料	公斤	20	20		
合 计			60	60		

记账联

记账：张大美　　仓库保管员：宋英　　经办人：马冬青　　生产主管：贾二美

领　料　单

领用部门：行政部　　　　　　　　　　　　　　　　　　　　第 LL20181007 号

用途：一般耗用　　　　　　2018 年 10 月 19 日　　　　　　发料仓库：原材料库

编号	材料名称及规格	单位	数量		单价	金额
			请领	实领		
101	甲材料	公斤	10	10		
合　计			10	10		

记账：张大美　　　仓库保管员：宋英　　　经办人：马冬青　　　生产主管：贾二美

记账联

领　料　单

领用部门：生产车间　　　　　　　　　　　　　　　　　　　第 LL20181008 号

用途：一般耗用　　　　　　2018 年 10 月 20 日　　　　　　发料仓库：原材料库

编号	材料名称及规格	单位	数量		单价	金额
			请领	实领		
101	甲材料	公斤	20	20		
102	乙材料	公斤	10	10		
合　计			30	30		

记账：张大美　　　仓库保管员：宋英　　　经办人：马冬青　　　生产主管：贾二美

记账联

领　料　单

领用部门：生产车间　　　　　　　　　　　　　　　　　　　第 LL20181009 号

用途：生产 A 产品　　　　　　2018 年 10 月 23 日　　　　　　发料仓库：原材料库

编号	材料名称及规格	单位	数量		单价	金额
			请领	实领		
101	甲材料	公斤	80	80		
合　计			80	80		

记账联

记账：张大美　　　仓库保管员：宋英　　　经办人：马冬青　　　生产主管：贾二美

领　料　单

领用部门：生产车间　　　　　　　　　　　　　　　　　　　第 LL20181010 号

用途：生产 B 产品　　　　　　2018 年 10 月 23 日　　　　　　发料仓库：原材料库

编号	材料名称及规格	单位	数量		单价	金额
			请领	实领		
101	甲材料	公斤	40	40		
102	乙材料	公斤	20	20		
合　计			60	60		

记账联

记账：张大美　　　仓库保管员：宋英　　　经办人：马冬青　　　生产主管：贾二美

领　料　单

领用部门：生产车间　　　　　　　　　　　　　　　　　　　　　　第 LL20181011 号

用途：生产 A 产品　　　　　　　　　2018 年 10 月 23 日　　　　　　　　发料仓库：原材料库

编号	材料名称及规格	单位	数量		单价	金额
			请领	实领		
101	甲材料	公斤	100	100		
合　计			100	100		

记账：张大美　　　　仓库保管员：宋英　　　　经办人：马冬青　　　　生产主管：贾二美

记账联

限 额 领 料 单

领用部门：生产车间　　　　　　　　　　　　　　　　　　　　　　第 LL20180901 号

用途：生产 A 产品　　　　　　　　　2018 年 10 月　　　　　　　　发料仓库：成品库

编号	材料名称及规格		单位	领用限额	本月实领		
					数量	单价	金额
102	乙材料		公斤	100	90	323.75	29137.50
领用日期	请领数	实发数	领料人	发料人	限额结余		退库
10 月 6 日	40	40	马冬青	宋英	60		
10 月 16 日	20	20	马冬青	宋英	40		
10 月 23 日	20	20	马冬青	宋英	20		
10 月 30 日	10	10	马冬青	宋英	10		
合计	90	90					

仓库保管员：宋英　　　　　　　　采购主管：杜小美　　　　　　　　生产主管：贾二美

记账联

19. 10月31日，取得原始凭证1张。

固定资产折旧计算表

2018年10月31日　　单位：元

固定资产类别	固定资产项目	单位	数量	原值	使用年限	残值率%	折旧方法	本月应计的折旧额
生产用固定资产	厂房	栋	1	1 040 000.00	50	4	直线法	1 664.00
	生产设备A	台	1	200 000.00	10	4	直线法	1 600.00
	生产设备J	台	1	380 000.00	10	4	直线法	3 040.00
	小计			1 620 000.00				6 304.00
非生产用固定资产	办公楼	栋	1	900 000.00	50	4	直线法	1 440.00
	电脑	台	20	45 000.00	5	4	直线法	720.00
	打印机	台	4	4 500.00	5	4	直线法	72.00
	小计			949 500.00				2 232.00
合　计				2 569 500.00				8 536.00

财务主管：石国英　　制单：张大美

20. 10月31日，取得原始凭证1张。

制造费用分配表

2018年10月31日　　单位：元

费用总额	19452.50		
分配对象	分配标准（生产工人工资）	分配率	分配金额
A产品	17 360.00	0.8964	15 562.00
B产品	4 340.00	0.8964	3 890.50
合　计	21 700.00		19 452.50

财务主管：石国英　　制单：张大美

21. 10 月 31 日，取得原始凭证 3 张。

产品成本计算表

产品名称：A 产品　　　　完工数量：300

成本项目	月初在产品成本	本月生产费用	完工产品成本	月末在产品成本	产品单位成本
直接材料		110 001.00	97 059.00	12 942.00	323.53
直接人工		17 360.00	15 318.00	2 042.00	51.06
制造费用		15 562.00	13 731.00	1 831.00	45.77
合　计		142 923.00	126 108.00	16 815.00	420.36

财务主管：石国英　　　　制单：张大美

产品成本计算表

产品名称：B 产品　　　　完工数量：180

成本项目	月初在产品成本	本月生产费用	完工产品成本	月末在产品成本	产品单位成本
直接材料	10 790.00	46 703.00	57 493.00		319.40
直接人工	3 920.00	4 340.00	8 260.00		45.89
制造费用	1 090.00	3 890.50	4980.50		27.67
合　计	15 800.00	54 933.50	70 733.50		392.96

财务主管：石国英　　　　制单：张大美

产 品 入 库 单

部　　门：生产车间　　　　2018 年 10 月 31 日　　　　第 RK20181001 号

收货仓库：成品库

编号	产品名称及型号	单位	数量	单价	金额
201	A 产品	件	300	420.36	126 108.00
202	B 产品	件	180	392.96	70 733.50
合　计			480		196 841.50

第二联　财务

记账：　　　　仓库保管员：　　　　经办人：　　　　生产主管：

22. 10月31日，取得原始凭证1张。

发出商品汇总表

2018年10月31日

单位：元

编号	产品名称及型号	单位	发出产品数量	单位成本	总成本
201	A产品	件	300	426.30	127 890.00
202	B产品	件	100	399.05	39 905.00
合　计			400		167 795.00

财务主管：石国英　　　　制单：张大美

23. 10月31日，取得原始凭证1张。

借款利息计算表

2018年10月31日

借款种类	借款日期	借款本金（元）	期限	年利率	本期计提（元）
长期借款	2018.9.1	500 000.00	24个月	12%	5 000.00
短期借款	2018.9.1	100 000.00	9个月	9%	750.00
合　计					5 750.00

财务主管：石国英　　　　制单：张大美

24. 10月31日，取得原始凭证1张。

应交增值税计算表

2018年10月31日

项目名称	金额
销项税额	37 760.00
进项税额	35 586.00
应纳税额合计	12 174.00

财务主管：石国英　　　　制单：张大美

25. 10月31日，取得原始凭证1张。

应交城建税、教育费附加税额计算表

2018年10月31日

项目名称	应交增值税额	税率	实缴金额
城市维护建设税	12 174.50	7%	852.18
教育费附加	12 174.50	4%	486.66
合　计			1 339.14

财务主管：石国英　　　　　　　　制单：张大美

26. 10月31日，取得原始凭证1张。

应交所得税计算表

年　月　日

项目名称		金额
本月利润总额		25 208.36
纳税调整项目	调增项目	0
	调减项目	
本月应纳税所得额		25 208.36
所得税适用税率		25%
本月应纳税额		6 302.09

财务主管：石国英　　　　　　　　制单：张大美

27. 10月31日，取得原始凭证1张。

内部损益结转表

2018年10月31日

损益类账户名称	账户发生额	
	借方	贷方
主营业务收入		236 000.00
主营业务成本	167 795.00	
税金及附加	1 339.14	
管理费用	25 377.50	
销售费用	5 850.00	
财务费用	5 750.00	320.00
营业外支出	5 000.00	
所得税费用	6 302.09	
合　计	217 413.73	236 320.00

财务主管：石国英　　　　　　　　制单：张大美

28. 10 月 31 日，按本月净利润的 20%分配利润（无原始凭证）。

29. 10 月 31 日，按本月净利润的 15%计提盈余公积（无原始凭证）。

第二部分　会计账簿的登记

会计账簿的登记是以审核无误的会计凭证为依据，在账簿上连续、系统（分门别类）、完整地记录经济业务的专门方法。正确认识会计账簿并准确地进行登记，可以及时地、系统地反映会计主体经济活动、财务状况和经营成果，为编制会计报表和企业内部管理提供必要的、有用的信息。

由于会计凭证对经济业务的记录是分散的，每一张记账凭证通常只反映一项经济业务，不能连续、系统、完整地反映和监督一个会计主体在一定时期内的经济活动、财务状况和经营成果，不便于会计信息的整理与报告。为了适应经济管理的要求，得到系统化的核算资料，必须对分散在会计凭证上的资料进行整理，设置和登记会计账簿，并按照一定的要求登记到有关账簿中，以提供完整、连续、系统的核算资料。

会计账簿既提供了总括的核算资料，又提供了明细的核算资料，提供了成本、费用、收入和财务成果的会计信息，有助于会计主体结合有关资料，分析企业经营过程中存在的问题，及时总结经验，以便加强企业的管理，同时通过对账簿记录的有关财务物资信息与实物进行对比，有助于确保财产物资的安全完整及各项资金的合理使用。

会计账簿按用途分为日记账簿和分类账簿（包括总账和明细账）；按账页的格式又分为三栏式账簿、多栏式账簿和数量金额式账簿。本部分将分别从这几个方面进行仿真模拟实训，锻炼学生登记会计账簿的实际操作能力。

项目一 期初建账

一、实验目的

通过实验使学生熟悉期初建账的主要内容，包括填写封面和扉页，设置账户，登记账户的期初余额等，掌握期初建账的基本步骤，并能熟练操作。

（一）期初建账的主要内容

1. 设置核算账套，包括总账、日记账和明细账，填写账簿的封面和扉页。

2. 设置会计科目，根据企业的实际情况开设账户，总账按照账户的性质依次开设；日记账主要是库存现金和银行存款；明细账包括三栏式的债权债务明细账、数量金额式的存货明细账和多栏式的收入费用明细账。

3. 登记期初余额，如果是新建企业则期初余额为零；如果是持续经营的会计主体，则根据上期的期末数来进行登记。

4. 按照账页的格式和内容正确进行账簿的登记，账页的主要内容包括：账户的名称、日期栏、凭证的种类和号数栏、摘要栏、金额栏（借方、贷方及余额）和账页的页次。

（二）会计账簿的启用规则

1. 启用新的会计账簿时，应当在账簿封面上写明单位名称和账簿名称，并在账簿扉页上填写“账簿启用和经营人员一览表”。

账簿启用和经营人员一览表的主要内容包括账簿名称、单位名称、账簿编号、账簿册数、账簿页数、账簿的启用日期、记账人员和会计机构负责人、会计主管人员姓名，并加盖名章和单位公章。

2. 启用订本式账簿应当从第一页到最后一页顺序编定页数，不得跳页、缺写。使用活页式账簿应当按账户顺序编号，并须定期装订成册，装订后再按实际使用的账页顺序编定页码，另加目录，记明每个账户的名称和页次。

3. 对于总账和明细账，一般情况下无须一个科目设置一本账，可以将账本分页使用。在启用账簿时，应为每个账户预留一定的页数，同时将每个账户用口取纸分开，并写明会计科目的名称，方便登记。为了登记账簿的方便，也可以选择不同颜色的口取纸将不同账户区分开。

4. 当记账人员或者会计机构负责人、会计主管人员调动工作或因故离职时，应办理交接手续，在“账簿启用和经管人员一览表”的交接记录栏内，填写交接日期、接办人员和监交人员姓名，并由交接双方人员签名或者盖章。

（三）会计账簿的登记规则

1. 记账时，做到字迹工整，内容完整、数字准确、摘要清楚、登记及时。

2. 登记完毕后，要在记账凭证上签名或者盖章，并注明已经登账的符号（如打“√”等），以避免重记、漏记。

3. 账簿要保持清晰、整洁，记账文字和数字都要端正并符合规范。账簿中书写的文字和数字应紧靠底线，上面要留有适当空格，不要写满格，一般应占格距的二分之一，以便留有改错的空间。

4. 登记账簿要用蓝黑墨水或者碳素墨水书写，不得使用圆珠笔（银行的复写账簿除外）或者铅笔书写。另外，在账簿记录中，红字表示对蓝字的冲销、冲减数或表示负数，只有在规定的情况下才可以用红色墨水记账。

5. 各种账簿应按页次顺序连续登记，不得跳行、隔页。如果发生跳行、隔页，应当将空行、空页画线注销，或者注明“此行空白”“此页空白”字样，并由记账人员签名或者盖章。

6. 凡需要结出余额的账户，结出余额后，应当在“借或贷”栏内写明“借”或者“贷”等字样。没有余额的账户，应在“借或贷”栏内写“平”字，并在“余额”栏的元角分位分别写上“0”。

7. 每一账页登记完毕结转下页时，应在该账页的最后一行结出本页合计数及余额，并在该行摘要栏内注明“过次页”字样，然后，再将这个合计数及余额填列在下页第一行有关栏内，并在摘要栏内注明“承前页”字样。

8. 账簿记录发生错误，不准涂改、挖补、刮擦或用药水消除字迹，不准重新抄写，必须按照规定的方法进行更正。

二、实验要求

1. 要求学生根据给定的山西信科机械有限公司 2018 年 10 月 1 日的期初数据在后附的账页中分别开设总账账户、日记账账户和明细分类账账户，并登记账户的期初余额。

2. 要求学生根据给定的山西四美实业有限公司 2018 年 10 月 1 日的期初数据分别开设总账账户、日记账账户和明细分类账账户，填写账簿的封面和扉页，并登记账户的期初余额（在另外的实验账簿中进行）。

三、企业的期初数据

（一）山西信科机械有限公司账户期初余额

1. 山西信科机械有限公司 2018 年 10 月 1 日总账账户期初余额见表 2.1。

表 2.1 2018 年 10 月 1 日总账账户期初余额

科目编码	账户名称	期初余额	科目编码	账户名称	期初余额
1001	库存现金	500.00	2001	短期借款	200 000.00
1002	银行存款	193 000.00	2202	应付账款	630 000.00
1122	应收账款	848 000.00	2211	应付职工薪酬	105 600.00
1123	预付账款	170 000.00	2221	应交税费	25 670.00
1221	其他应收款	18 500.00	2241	其他应付款	3 500.00
1403	原材料	975 500.00	2501	长期借款	1 000 000.00
1405	库存商品	1 027 400.00	4001	实收资本	3 000 000.00
1601	固定资产	2 185 000.00	4101	盈余公积	85 600.00
1602	累计折旧	235 040.00	4104	利润分配	132 490.00
合　计		5 182 860.00	合　计		5 182 860.00

2. 山西信科机械有限公司 2018 年 10 月 1 日明细账户期初余额见表 2.2～表 2.5。

表 2.2 2018 年 10 月 1 日应收账款及预付明细账户期初余额

科目编码	总账账户	明细账户	期初余额
1122	应收账款		848 000.00
		华北第一轴承厂	338 000.00
		北方钢铁有限公司	230 000.00
		中原轴承设备厂	280 000.00
1123	预付账款		170 000.00
		山东蓝方机械有限公司	170 000.00

表 2.3 2018 年 10 月 1 日应付账款明细账户期初余额

科目编码	总分类账户	明细分类账户	期初余额
2202	应付账款		630 000.00
		山西华康有限公司	100 000.00
		太原钢材有限公司	380 000.00
		宝华不锈钢有限公司	150 000.00

表 2.4　2018 年 10 月 1 日应交税费明细账户期初余额

科目编码	总分类账户	明细分类账户	期初余额
2221	应交税费		25 670.00
		未交增值税	20 000.00
		应交城建税	1 400.00
		应交教育费附加	800.00
		应交所得税	3 470.00

表 2.5　2018 年 10 月 1 日存货明细账户期初余额

科目编码	总账账户	明细账户	期初余额		
			数量	单价	金额
1403	原材料				975 500.00
		A	100	2 196.00	219 600.00
		B	180	3 180.00	572 400.00
		C	200	680.00	136 000.00
		D	190	250.00	47 500.00
1405	库存商品				1 027 400.00
		甲	28	18 800.00	526 400.00
		乙	30	16 700.00	501 000.00

（二）山西四美实业有限公司账户期初余额

1. 山西四美实业有限公司 2018 年 10 月 1 日总账账户期初余额见表 2.6。

表 2.6　2018 年 10 月 1 日总账账户期初余额

科目编码	账户名称	期初余额	科目编码	账户名称	期初余额
1001	库存现金	10 500.00	2001	短期借款	100 000.00
1002	银行存款	350 000.00	2202	应付账款	235 000.00
1122	应收账款	240 000.00	2221	应交税费	27 584.18
1123	预付账款	130 000.00	2232	应付股利	27 492.77
1221	其他应收款	12 500.00	2241	其他应付款	6 500.00
1403	原材料	61 360.00	2501	长期借款	500 000.00
1405	库存商品	128 040.00	4001	实收资本	1 900 000.00
1601	固定资产	2 369 500.00	4101	盈余公积	20 619.57
1602	累计折旧	395 352.00	4104	利润分配	89 351.48
合　计		2 906 548.00	合　计		2 906 548.00

2. 山西四美实业有限公司2018年10月1日明细账户期初余额见表2.7～表2.10。

表2.7　2018年10月1日应收账款及预付明细账户期初余额

科目编码	总账账户	明细账户	期初余额
1122	应收账款		240 000.00
		开封市大宇商贸有限公司	81 500.00
		山东远大有限公司	120 000.00
		山西华工有限公司	38 500.00
1123	预付账款		130 000.00
		山西建华有限公司	80 000.00
		陕西兴隆海有限公司	50 000.00

表2.8　2018年10月1日应付账款明细账户期初余额

科目编码	总分类账户	明细分类账户	期初余额
2202	应付账款		235 000.00
		山西长城有限公司	100 000.00
		晋信达实业有限公司	135 000.00

表2.9　2018年10月1日应交税费明细账户期初余额

科目编码	总分类账户	明细分类账户	期初余额
2221	应交税费		30 830.00
		未交增值税	23 500.00
		应交城建税	1 645.00
		应交教育费附加	940.00
		应交所得税	4 745.00

表2.10　2018年10月1日存货明细账户期初余额

科目编码	总账账户	明细账户	期初余额		
			数量	单价	金额
1403	原材料				61 360.00
		甲	80	217.00	17 360.00
		乙	50	320.00	16 000.00
		丙	100	280.00	28 000.00
1405	库存商品				128 040.00
		A	200	435.20	87 040.00
		B	100	410.00	41 000.00

四、各账页参考格式

总分类账

会计科目名称或编码：　　　　第 1 页

年		凭证		摘要	借方										√	贷方										√	借或贷	余额										√
月	日	字	号		千	百	十	万	千	百	十	元	角	分		千	百	十	万	千	百	十	元	角	分			千	百	十	万	千	百	十	元	角	分	

总分类账

会计科目名称或编码：　　　　第 3 页

年		凭证		摘要	借方										√	贷方										√	借或贷	余额										√
月	日	字	号		千	百	十	万	千	百	十	元	角	分		千	百	十	万	千	百	十	元	角	分			千	百	十	万	千	百	十	元	角	分	

总分类账

会计科目名称或编码：

第 2 页

年		凭证		摘要	借方										√	贷方										√	借或贷	余额										√
月	日	字	号		千	百	十	万	千	百	十	元	角	分		千	百	十	万	千	百	十	元	角	分			千	百	十	万	千	百	十	元	角	分	

总分类账

会计科目名称或编码：

第 4 页

年		凭证		摘要	借方										√	贷方										√	借或贷	余额										√
月	日	字	号		千	百	十	万	千	百	十	元	角	分		千	百	十	万	千	百	十	元	角	分			千	百	十	万	千	百	十	元	角	分	

总分类账

会计科目名称或编码：　　　　　　　　　　　　第 5 页

年		凭证		摘要	借方										√	贷方										√	借或贷	余额										√
月	日	字	号		千	百	十	万	千	百	十	元	角	分		千	百	十	万	千	百	十	元	角	分			千	百	十	万	千	百	十	元	角	分	

总分类账

会计科目名称或编码：　　　　　　　　　　　　第 7 页

年		凭证		摘要	借方										√	贷方										√	借或贷	余额										√
月	日	字	号		千	百	十	万	千	百	十	元	角	分		千	百	十	万	千	百	十	元	角	分			千	百	十	万	千	百	十	元	角	分	

总分类账

会计科目名称或编码：　　　　　　　　　　　　　　　　　　　　第 6 页

年		凭证		摘要	借方										√	贷方										√	借或贷	余额										√
月	日	字	号		千	百	十	万	千	百	十	元	角	分		千	百	十	万	千	百	十	元	角	分			千	百	十	万	千	百	十	元	角	分	

总分类账

会计科目名称或编码：　　　　　　　　　　　　　　　　　　　　第 8 页

年		凭证		摘要	借方										√	贷方										√	借或贷	余额										√
月	日	字	号		千	百	十	万	千	百	十	元	角	分		千	百	十	万	千	百	十	元	角	分			千	百	十	万	千	百	十	元	角	分	

总分类账

会计科目名称或编码：

第 9 页

年		凭证		摘要	借方										√	贷方										√	借或贷	余额										√
月	日	字	号		千	百	十	万	千	百	十	元	角	分		千	百	十	万	千	百	十	元	角	分			千	百	十	万	千	百	十	元	角	分	

总分类账

会计科目名称或编码：

第 11 页

年		凭证		摘要	借方										√	贷方										√	借或贷	余额										√
月	日	字	号		千	百	十	万	千	百	十	元	角	分		千	百	十	万	千	百	十	元	角	分			千	百	十	万	千	百	十	元	角	分	

总分类账

会计科目名称或编码：

第 10 页

年		凭证		摘要	借方										√	贷方										√	借或贷	余额										√
月	日	字	号		千	百	十	万	千	百	十	元	角	分		千	百	十	万	千	百	十	元	角	分			千	百	十	万	千	百	十	元	角	分	

总分类账

会计科目名称或编码：

第 12 页

年		凭证		摘要	借方										√	贷方										√	借或贷	余额										√
月	日	字	号		千	百	十	万	千	百	十	元	角	分		千	百	十	万	千	百	十	元	角	分			千	百	十	万	千	百	十	元	角	分	

总分类账

会计科目名称或编码：

第 13 页

年		凭证		摘要	借方										√	贷方										√	借或贷	余额										√
月	日	字	号		千	百	十	万	千	百	十	元	角	分		千	百	十	万	千	百	十	元	角	分			千	百	十	万	千	百	十	元	角	分	

总分类账

会计科目名称或编码：

第 15 页

年		凭证		摘要	借方										√	贷方										√	借或贷	余额										√
月	日	字	号		千	百	十	万	千	百	十	元	角	分		千	百	十	万	千	百	十	元	角	分			千	百	十	万	千	百	十	元	角	分	

总分类账

会计科目名称或编码：

第 14 页

年		凭证		摘要	借方										√	贷方										√	借或贷	余额										√
月	日	字	号		千	百	十	万	千	百	十	元	角	分		千	百	十	万	千	百	十	元	角	分			千	百	十	万	千	百	十	元	角	分	

总分类账

会计科目名称或编码：

第 16 页

年		凭证		摘要	借方										√	贷方										√	借或贷	余额										√
月	日	字	号		千	百	十	万	千	百	十	元	角	分		千	百	十	万	千	百	十	元	角	分			千	百	十	万	千	百	十	元	角	分	

总分类账

会计科目名称或编码：　　　　　　　　　　　　　　　　第 17 页

年		凭证		摘要	借方										√	贷方										√	借或贷	余额										√
月	日	字	号		千	百	十	万	千	百	十	元	角	分		千	百	十	万	千	百	十	元	角	分			千	百	十	万	千	百	十	元	角	分	

总分类账

会计科目名称或编码：　　　　　　　　　　　　　　　　第 19 页

年		凭证		摘要	借方										√	贷方										√	借或贷	余额										√
月	日	字	号		千	百	十	万	千	百	十	元	角	分		千	百	十	万	千	百	十	元	角	分			千	百	十	万	千	百	十	元	角	分	

总分类账

会计科目名称或编码：　　　　　　　　第 18 页

年		凭证		摘要	借方										√	贷方										√	借或贷	余额										√
月	日	字	号		千	百	十	万	千	百	十	元	角	分		千	百	十	万	千	百	十	元	角	分			千	百	十	万	千	百	十	元	角	分	

总分类账

会计科目名称或编码：　　　　　　　　第 20 页

年		凭证		摘要	借方										√	贷方										√	借或贷	余额										√
月	日	字	号		千	百	十	万	千	百	十	元	角	分		千	百	十	万	千	百	十	元	角	分			千	百	十	万	千	百	十	元	角	分	

总分类账

会计科目名称或编码：　　　　　　　　　　　　　　　　　　　　　　　第 21 页

年		凭证		摘要	借方										√	贷方										√	借或贷	余额										√
月	日	字	号		千	百	十	万	千	百	十	元	角	分		千	百	十	万	千	百	十	元	角	分			千	百	十	万	千	百	十	元	角	分	

总分类账

会计科目名称或编码：　　　　　　　　　　　　　　　　　　　　　　　第 23 页

年		凭证		摘要	借方										√	贷方										√	借或贷	余额										√
月	日	字	号		千	百	十	万	千	百	十	元	角	分		千	百	十	万	千	百	十	元	角	分			千	百	十	万	千	百	十	元	角	分	

总分类账

会计科目名称或编码：　　　　　　　　　　　　　　　　　　　第 22 页

年		凭证		摘要	借方										√	贷方										√	借或贷	余额										√
月	日	字	号		千	百	十	万	千	百	十	元	角	分		千	百	十	万	千	百	十	元	角	分			千	百	十	万	千	百	十	元	角	分	

总分类账

会计科目名称或编码：　　　　　　　　　　　　　　　　　　　第 24 页

年		凭证		摘要	借方										√	贷方										√	借或贷	余额										√
月	日	字	号		千	百	十	万	千	百	十	元	角	分		千	百	十	万	千	百	十	元	角	分			千	百	十	万	千	百	十	元	角	分	

库存现金日记账

第 1 页

年		凭证		对方科目	摘要	收入（借方）金额										付出（贷方）金额										√	结存金额									
月	日	字	号			千	百	十	万	千	百	十	元	角	分	千	百	十	万	千	百	十	元	角	分		千	百	十	万	千	百	十	元	角	分

银行存款日记账

第 1 页

年		凭证		对方科目	摘要	收入（借方）金额										付出（贷方）金额										√	结存金额									
月	日	字	号			千	百	十	万	千	百	十	元	角	分	千	百	十	万	千	百	十	元	角	分		千	百	十	万	千	百	十	元	角	分

库存现金日记账

第 2 页

年		凭证		对方科目	摘要	收入（借方）金额										付出（贷方）金额										√	结存金额									
月	日	字	号			千	百	十	万	千	百	十	元	角	分	千	百	十	万	千	百	十	元	角	分		千	百	十	万	千	百	十	元	角	分

银行存款日记账

第 2 页

年		凭证		对方科目	摘要	收入（借方）金额										付出（贷方）金额										√	结存金额									
月	日	字	号			千	百	十	万	千	百	十	元	角	分	千	百	十	万	千	百	十	元	角	分		千	百	十	万	千	百	十	元	角	分

明细分类账（甲）

总页		分页	

一级会计科目名称或编码：

二级会计科目名称或编码：

年		凭证		摘要	借方										√	贷方										√	借或贷	余额										√
月	日	字	号		千	百	十	万	千	百	十	元	角	分		千	百	十	万	千	百	十	元	角	分			千	百	十	万	千	百	十	元	角	分	

明细分类账（甲）

总页		分页	

一级会计科目名称或编码：

二级会计科目名称或编码：

年		凭证		摘要	借方										√	贷方										√	借或贷	余额										√
月	日	字	号		千	百	十	万	千	百	十	元	角	分		千	百	十	万	千	百	十	元	角	分			千	百	十	万	千	百	十	元	角	分	

明细分类账（甲）

总页		分页	

一级会计科目名称或编码：
二级会计科目名称或编码：

年		凭证		摘要	借方										√	贷方										√	借或贷	余额										√
月	日	字	号		千	百	十	万	千	百	十	元	角	分		千	百	十	万	千	百	十	元	角	分			千	百	十	万	千	百	十	元	角	分	

明细分类账（甲）

总页		分页	

一级会计科目名称或编码：
二级会计科目名称或编码：

年		凭证		摘要	借方										√	贷方										√	借或贷	余额										√
月	日	字	号		千	百	十	万	千	百	十	元	角	分		千	百	十	万	千	百	十	元	角	分			千	百	十	万	千	百	十	元	角	分	

明细分类账（甲）

总页		分页	

一级会计科目名称或编码：
二级会计科目名称或编码：

年		凭证		摘要	借方										√	贷方										√	借或贷	余额										√
月	日	字	号		千	百	十	万	千	百	十	元	角	分		千	百	十	万	千	百	十	元	角	分			千	百	十	万	千	百	十	元	角	分	

明细分类账（甲）

总页		分页	

一级会计科目名称或编码：
二级会计科目名称或编码：

年		凭证		摘要	借方										√	贷方										√	借或贷	余额										√
月	日	字	号		千	百	十	万	千	百	十	元	角	分		千	百	十	万	千	百	十	元	角	分			千	百	十	万	千	百	十	元	角	分	

明细分类账（甲）

总页		分页	

一级会计科目名称或编码：
二级会计科目名称或编码：

年		凭证		摘要	借方										√	贷方										√	借或贷	余额										√
月	日	字	号		千	百	十	万	千	百	十	元	角	分		千	百	十	万	千	百	十	元	角	分			千	百	十	万	千	百	十	元	角	分	

明细分类账（甲）

总页		分页	

一级会计科目名称或编码：
二级会计科目名称或编码：

年		凭证		摘要	借方										√	贷方										√	借或贷	余额										√
月	日	字	号		千	百	十	万	千	百	十	元	角	分		千	百	十	万	千	百	十	元	角	分			千	百	十	万	千	百	十	元	角	分	

明细分类账（甲）

总页		分页	

一级会计科目名称或编码：
二级会计科目名称或编码：

年		凭证		摘要	借方										√	贷方										√	借或贷	余额										√
月	日	字	号		千	百	十	万	千	百	十	元	角	分		千	百	十	万	千	百	十	元	角	分			千	百	十	万	千	百	十	元	角	分	

明细分类账（甲）

总页		分页	

一级会计科目名称或编码：
二级会计科目名称或编码：

年		凭证		摘要	借方										√	贷方										√	借或贷	余额										√
月	日	字	号		千	百	十	万	千	百	十	元	角	分		千	百	十	万	千	百	十	元	角	分			千	百	十	万	千	百	十	元	角	分	

明细分类账（甲）

总页		分页	

一级会计科目名称或编码：

二级会计科目名称或编码：

年		凭证		摘要	借方										√	贷方										√	借或贷	余额										√
月	日	字	号		千	百	十	万	千	百	十	元	角	分		千	百	十	万	千	百	十	元	角	分			千	百	十	万	千	百	十	元	角	分	

明细分类账（甲）

总页		分页	

一级会计科目名称或编码：

二级会计科目名称或编码：

年		凭证		摘要	借方										√	贷方										√	借或贷	余额										√
月	日	字	号		千	百	十	万	千	百	十	元	角	分		千	百	十	万	千	百	十	元	角	分			千	百	十	万	千	百	十	元	角	分	

明细分类账（甲）

总页		分页	

一级会计科目名称或编码：

二级会计科目名称或编码：

年		凭证		摘要	借方										√	贷方										√	借或贷	余额										√
月	日	字	号		千	百	十	万	千	百	十	元	角	分		千	百	十	万	千	百	十	元	角	分			千	百	十	万	千	百	十	元	角	分	

明细分类账（甲）

总页		分页	

一级会计科目名称或编码：

二级会计科目名称或编码：

年		凭证		摘要	借方										√	贷方										√	借或贷	余额										√
月	日	字	号		千	百	十	万	千	百	十	元	角	分		千	百	十	万	千	百	十	元	角	分			千	百	十	万	千	百	十	元	角	分	

明细分类账（甲）

总页		分页	

一级会计科目名称或编码：

二级会计科目名称或编码：

年		凭证		摘要	借方										√	贷方										√	借或贷	余额										√
月	日	字	号		千	百	十	万	千	百	十	元	角	分		千	百	十	万	千	百	十	元	角	分			千	百	十	万	千	百	十	元	角	分	

明细分类账（甲）

总页		分页	

一级会计科目名称或编码：

二级会计科目名称或编码：

年		凭证		摘要	借方										√	贷方										√	借或贷	余额										√
月	日	字	号		千	百	十	万	千	百	十	元	角	分		千	百	十	万	千	百	十	元	角	分			千	百	十	万	千	百	十	元	角	分	

明细分类账（乙）

总页		分页	

品名：________ 规格________ 最高存量________ 最低存量________ 计量单位________ 存储地点________

2017年		凭证		摘要	收入											发出											结存										
月	日	字	号		数量	单价	金额									数量	单价	金额									数量	单价	金额								
							百	十	万	千	百	十	元	角	分			百	十	万	千	百	十	元	角	分			百	十	万	千	百	十	元	角	分

明细分类账（乙）

总页		分页	

品名：________ 规格________ 最高存量________ 最低存量________ 计量单位________ 存储地点________

2017年		凭证		摘要	收入											发出											结存										
月	日	字	号		数量	单价	金额									数量	单价	金额									数量	单价	金额								
							百	十	万	千	百	十	元	角	分			百	十	万	千	百	十	元	角	分			百	十	万	千	百	十	元	角	分

明细分类账（乙）

总页		分页	

品名：________ 规格________ 最高存量________ 最低存量________ 计量单位________ 存储地点________

2017年		凭证		摘要	收入											发出											结存										
月	日	字	号		数量	单价	金额									数量	单价	金额									数量	单价	金额								
							百	十	万	千	百	十	元	角	分			百	十	万	千	百	十	元	角	分			百	十	万	千	百	十	元	角	分

明细分类账（乙）

总页		分页	

品名：________ 规格________ 最高存量________ 最低存量________ 计量单位________ 存储地点________

2017年		凭证		摘要	收入											发出											结存										
月	日	字	号		数量	单价	金额									数量	单价	金额									数量	单价	金额								
							百	十	万	千	百	十	元	角	分			百	十	万	千	百	十	元	角	分			百	十	万	千	百	十	元	角	分

明细分类账（乙）

总页		分页	

品名：＿＿＿＿　规格＿＿＿＿　最高存量＿＿＿＿　最低存量＿＿＿＿　计量单位＿＿＿＿　存储地点＿＿＿＿

2017年		凭证		摘要	收入											发出											结存										
月	日	字	号		数量	单价	金额									数量	单价	金额									数量	单价	金额								
							百	十	万	千	百	十	元	角	分			百	十	万	千	百	十	元	角	分			百	十	万	千	百	十	元	角	分

明细分类账（乙）

总页		分页	

品名：＿＿＿＿　规格＿＿＿＿　最高存量＿＿＿＿　最低存量＿＿＿＿　计量单位＿＿＿＿　存储地点＿＿＿＿

2017年		凭证		摘要	收入											发出											结存										
月	日	字	号		数量	单价	金额									数量	单价	金额									数量	单价	金额								
							百	十	万	千	百	十	元	角	分			百	十	万	千	百	十	元	角	分			百	十	万	千	百	十	元	角	分

明细分类账（乙）

总页		分页	

品名：…………　规格…………　最高存量…………　最低存量…………　计量单位…………　存储地点…………

2017年		凭证		摘要	收入											发出											结存										
月	日	字	号		数量	单价	金额									数量	单价	金额									数量	单价	金额								
							百	十	万	千	百	十	元	角	分			百	十	万	千	百	十	元	角	分			百	十	万	千	百	十	元	角	分

明细分类账（乙）

总页		分页	

品名：…………　规格…………　最高存量…………　最低存量…………　计量单位…………　存储地点…………

2017年		凭证		摘要	收入											发出											结存										
月	日	字	号		数量	单价	金额									数量	单价	金额									数量	单价	金额								
							百	十	万	千	百	十	元	角	分			百	十	万	千	百	十	元	角	分			百	十	万	千	百	十	元	角	分

项目二 总账的登记

一、实验目的

通过实验，使学生了解并掌握登记总账的具体方法。

（一）总账的设置与登记方法

1. 总账的设置。

设置总账的总体要求：按照总账科目的编码顺序分别开设账户，并为每个账户预留若干账页。总账的格式一般有三栏式和多栏式两种，日常多采用三栏式，本项目的练习也采用三栏式。

2. 总账的登记方法。

（1）逐笔登记——根据专用记账凭证对各总账账户逐日逐笔登记。

（2）汇总登记——对专用记账凭证进行汇总后，编制出汇总记账凭证或者科目汇总表，然后再根据汇总记账凭证或科目汇总表对各总账账户进行登记。

3. 总账的具体登记内容。

（1）日期栏：登记记账凭证的日期，或汇总凭证的编制日期。

（2）凭证栏：登记入账的凭证的种类和编号。

（3）摘要栏：简要说明登记入账的经济业务的内容。

（4）借方、贷方及余额栏：登记经济业务涉及的账户增减变动金额。

（5）借或贷栏：登记余额的方向。

（二）汇总记账凭证

汇总记账凭证是根据一定时期内的同类单一记账凭证定期加以汇总而重新编制的记账凭证。

汇总记账凭证的编制方法：

1. 汇总收款凭证的编制：将库存现金或银行存款的收款凭证，按借方科目设置，分别按贷方科目进行归类，定期（5 天或 10 天）汇总填列一次，每月编制一张，月末计算出每一个贷方科目发生额合计数的一种记账凭证。见表 2.11。

2. 汇总付款凭证的编制：将库存现金或银行存款的付款凭证，按贷方科目设置，分别按借方科目进行归类，定期（5 天或 10 天）汇总填列一次，每月编制一张，月末计算出每一个借方科目发生额合计数的一种记账凭证。见表 2.12。

3. 汇总转账凭证的编制：按转账凭证中每一贷方科目分别设置，按与该贷方科目相对应的全部借方科目归类，定期（5 天或 10 天）汇总填列一次，每月编制一张，月末计算出每个借方科目发生额合计数的一种记账凭证。见表 2.13。

表 2.11 汇总收款凭证

借方科目：　　　　年　月　　　　第　号

贷方科目	金额			
	1～10 日	11～20 日	21～31 日	合计
合　计				

表 2.12 汇总付款凭证

贷方科目：　　　　年　月　　　　第　号

借方科目	金额			
	1～10 日	11～20 日	21～31 日	合计
合　计				

表 2.13 汇总转账凭证

贷方科目：　　　　年　月　　　　第　号

借方科目	金额			
	1～10 日	11～20 日	21～31 日	合计
合　计				

（三）科目汇总表

科目汇总表是根据一定时期内的专用记账凭证按照相同会计科目定期（5 天、10 天、15 天或者一个月）汇总编制的、包含若干项经济业务的记账凭证。

科目汇总表的编制方法：

1. 根据科目汇总表的格式，将汇总期内发生的各经济业务所涉及的会计科目按照其编码顺序全部填列在“会计科目”栏，一般只填列总分类科目。

2. 通过“T”形账户汇总出各会计账户的本期借方发生额和贷方发生额，分别填列在对应的金额栏内。

3. 进行发生额试算平衡，保证所有账户的借方发生额合计数等于所有的贷方发生额合计数。

科目汇总表

年　月　日至　年　月　日　　　　第　号

会计科目	本期发生额	
	借方	贷方
合　计		

二、实验要求

1. 要求学生根据给定的第一部分项目二山西四美实业有限公司 2018 年 10 月份的原始凭证编制的记账凭证填制科目汇总表（15 天汇总一次），并登记总账（在另外的实验账簿中进行）。

2. 要求学生根据给定的山西信科机械有限公司 2018 年 10 月的记账凭证继第二部分项目一提供的期初余额后逐笔登记各总账账户。

三、科目汇总表

科目汇总表

年 月 日至 年 月 日　　　　第 号

会计科目	本期发生额	
	借方	贷方
合计		

科目汇总表

年　月　日至　年　月　日　　　　　　　　　　　　第　号

会计科目	本期发生额	
	借方	贷方
合　计		

科目汇总表

年　月　日至　年　月　日　　　　　　　　　　第　号

会计科目	本期发生额	
	借方	贷方
合　计		

四、记账凭证

山西信科机械有限公司2018年10月根据原始凭证编制了如下记账凭证。

记账凭证

2018年10月5日　　　　记字第001号

摘要	总账科目	明细科目	借方金额										贷方金额										记账
			千	百	十	万	千	百	十	元	角	分	千	百	十	万	千	百	十	元	角	分	
收到百思科投资	银行存款				5	0	0	0	0	0	0	0											
收到百思科投资	实收资本														5	0	0	0	0	0	0	0	
合计				¥	5	0	0	0	0	0	0	0		¥	5	0	0	0	0	0	0	0	

附凭证 1 张

财务主管：娄旭华　　记账：赵佳佳　　出纳：刘峰　　审核：黄鑫　　制单：赵佳佳

记账凭证

2018年10月6日　　　　记字第002号

摘要	总账科目	明细科目	借方金额										贷方金额										记账
			千	百	十	万	千	百	十	元	角	分	千	百	十	万	千	百	十	元	角	分	
采购A材料	原材料	A材料			2	1	3	0	0	0	0	0											
采购A材料	应交税费	应交增值税（进）				3	4	0	8	0	0	0											
采购A材料	银行存款														2	4	7	0	8	0	0	0	
合计				¥	2	4	7	0	8	0	0	0		¥	2	4	7	0	8	0	0	0	

附凭证 4 张

财务主管：娄旭华　　记账：赵佳佳　　出纳：刘峰　　审核：黄鑫　　制单：赵佳佳

记账凭证

2018年10月9日　　　　记字第003号

摘要	总账科目	明细科目	借方金额										贷方金额										记账
			千	百	十	万	千	百	十	元	角	分	千	百	十	万	千	百	十	元	角	分	
从银行提取现金	库存现金						3	0	0	0	0	0											
从银行提取现金	银行存款																3	0	0	0	0	0	
合计						¥	3	0	0	0	0	0				¥	3	0	0	0	0	0	

附凭证 1 张

财务主管：娄旭华　　记账：赵佳佳　　出纳：刘峰　　审核：黄鑫　　制单：赵佳佳

记账凭证

2018 年 10 月 9 日　　　　记字第 004 号

摘要	总账科目	明细科目	借方金额										贷方金额										记账
			千	百	十	万	千	百	十	元	角	分	千	百	十	万	千	百	十	元	角	分	
用现金支付滞纳金	营业外支出						1	3	0	0	0	0											
用现金支付滞纳金	库存现金																1	3	0	0	0	0	
合　计						¥	1	3	0	0	0	0				¥	1	3	0	0	0	0	

附凭证 1 张

财务主管：娄旭华　　记账：赵佳佳　　出纳：刘峰　　审核：黄鑫　　制单：赵佳佳

记账凭证

2018 年 10 月 10 日　　　　记字第 005 号

摘要	总账科目	明细科目	借方金额										贷方金额										记账
			千	百	十	万	千	百	十	元	角	分	千	百	十	万	千	百	十	元	角	分	
刘华芳出差报销	管理费用	差旅费					3	6	8	0	0	0											
刘华芳出差报销	其他应收款																3	0	0	0	0	0	
刘华芳出差报销	库存现金																	6	8	0	0	0	
合　计						¥	3	6	8	0	0	0				¥	3	6	8	0	0	0	

附凭证 5 张

财务主管：娄旭华　　记账：赵佳佳　　出纳：刘峰　　审核：黄鑫　　制单：赵佳佳

记账凭证

2018 年 10 月 11 日　　　　记字第 006 号

摘要	总账科目	明细科目	借方金额										贷方金额										记账
			千	百	十	万	千	百	十	元	角	分	千	百	十	万	千	百	十	元	角	分	
收到卖废纸款	库存现金							4	3	0	0	0											
收到卖废纸款	营业外收入																	4	3	0	0	0	
合　计							¥	4	3	0	0	0					¥	4	3	0	0	0	

附凭证 1 张

财务主管：娄旭华　　记账：赵佳佳　　出纳：刘峰　　审核：黄鑫　　制单：赵佳佳

记 账 凭 证

2018 年 10 月 13 日　　　　记字第 007 号

摘要	总账科目	明细科目	借方金额										贷方金额										记账
			千	百	十	万	千	百	十	元	角	分	千	百	十	万	千	百	十	元	角	分	
办公室报销办公费	管理费用	办公费					1	0	5	0	0	0											
办公室报销办公费	库存现金																1	0	5	0	0	0	
合　计						¥	1	0	5	0	0	0				¥	1	0	5	0	0	0	

附凭证 1 张

财务主管：娄旭华　　记账：赵佳佳　　出纳：刘峰　　审核：黄鑫　　制单：赵佳佳

记 账 凭 证

2018 年 10 月 16 日　　　　记字第 008 号

摘要	总账科目	明细科目	借方金额										贷方金额										记账
			千	百	十	万	千	百	十	元	角	分	千	百	十	万	千	百	十	元	角	分	
支付广告费	销售费用	广告费					2	0	0	0	0	0											
支付广告费	应交税费	应交增值税(进)						1	2	0	0	0											
支付广告费	银行存款																2	1	2	0	0	0	
合　计						¥	2	1	2	0	0	0				¥	2	1	2	0	0	0	

附凭证 2 张

财务主管：娄旭华　　记账：赵佳佳　　出纳：刘峰　　审核：黄鑫　　制单：赵佳佳

记 账 凭 证

2018 年 10 月 16 日　　　　记字第 009 号

摘要	总账科目	明细科目	借方金额										贷方金额										记账
			千	百	十	万	千	百	十	元	角	分	千	百	十	万	千	百	十	元	角	分	
从银行提取现金	库存现金				1	1	0	0	0	0	0	0											
从银行提取现金	银行存款														1	1	0	0	0	0	0	0	
合　计				¥	1	1	0	0	0	0	0	0		¥	1	1	0	0	0	0	0	0	

附凭证 1 张

财务主管：娄旭华　　记账：赵佳佳　　出纳：刘峰　　审核：黄鑫　　制单：赵佳佳

记账凭证

2018年10月16日　　　　记字第010号

摘要	总账科目	明细科目	借方金额										贷方金额										记账
			千	百	十	万	千	百	十	元	角	分	千	百	十	万	千	百	十	元	角	分	
发放工资	应付职工薪酬				1	1	0	0	0	0	0	0											
发放工资	库存现金														1	1	0	0	0	0	0	0	
合计				¥	1	1	0	0	0	0	0	0		¥	1	1	0	0	0	0	0	0	

附凭证 1 张

财务主管：娄旭华　　记账：赵佳佳　　出纳：刘峰　　审核：黄鑫　　制单：赵佳佳

记账凭证

2018年10月18日　　　　记字第011号

摘要	总账科目	明细科目	借方金额										贷方金额										记账
			千	百	十	万	千	百	十	元	角	分	千	百	十	万	千	百	十	元	角	分	
销售产品款未收到	应收账款	博源公司			4	0	6	0	0	0	0	0											
销售产品款未收到	主营业务收入														3	5	0	0	0	0	0	0	
销售产品款未收到	应交税费	应交增值税(销)														5	6	0	0	0	0	0	
合计				¥	4	0	6	0	0	0	0	0		¥	4	0	6	0	0	0	0	0	

附凭证 3 张

财务主管：娄旭华　　记账：赵佳佳　　出纳：刘峰　　审核：黄鑫　　制单：赵佳佳

记账凭证

2018年10月20日　　　　记字第012号

摘要	总账科目	明细科目	借方金额										贷方金额										记账
			千	百	十	万	千	百	十	元	角	分	千	百	十	万	千	百	十	元	角	分	
收到前欠货款	银行存款					8	0	0	0	0	0	0											
收到前欠货款	应收账款	北方钢铁公司														8	0	0	0	0	0	0	
合计					¥	8	0	0	0	0	0	0			¥	8	0	0	0	0	0	0	

附凭证 1 张

财务主管：娄旭华　　记账：赵佳佳　　出纳：刘峰　　审核：黄鑫　　制单：赵佳佳

记账凭证

2018 年 10 月 23 日　　　　记字第 013 号

摘要	总账科目	明细科目	借方金额										贷方金额										记账
			千	百	十	万	千	百	十	元	角	分	千	百	十	万	千	百	十	元	角	分	
支付本月借款利息	财务费用	利息支出					1	3	2	5	0	0											
支付本月借款利息	银行存款																1	3	2	5	0	0	
合　计						¥	1	3	2	5	0	0				¥	1	3	2	5	0	0	

附凭证 1 张

财务主管：娄旭华　　记账：赵佳佳　　出纳：刘峰　　审核：黄鑫　　制单：赵佳佳

记账凭证

2018 年 10 月 23 日　　　　记字第 014 号

摘要	总账科目	明细科目	借方金额										贷方金额										记账
			千	百	十	万	千	百	十	元	角	分	千	百	十	万	千	百	十	元	角	分	
收到本月存款利息	银行存款							1	2	8	5	0											
收到本月存款利息	财务费用	利息收入																1	2	8	5	0	
合　计							¥	1	2	8	5	0					¥	1	2	8	5	0	

附凭证 1 张

财务主管：娄旭华　　记账：赵佳佳　　出纳：刘峰　　审核：黄鑫　　制单：赵佳佳

记账凭证

2018 年 10 月 25 日　　　　记字第 015 号

摘要	总账科目	明细科目	借方金额										贷方金额										记账
			千	百	十	万	千	百	十	元	角	分	千	百	十	万	千	百	十	元	角	分	
销售产品收到货款	银行存款				1	1	6	0	0	0	0	0											
销售产品收到货款	主营业务收入														1	0	0	0	0	0	0	0	
销售产品收到货款	应交税费	应交增值税(销)														1	6	0	0	0	0	0	
合　计				¥	1	1	6	0	0	0	0	0		¥	1	1	6	0	0	0	0	0	

附凭证 4 张

财务主管：娄旭华　　记账：赵佳佳　　出纳：刘峰　　审核：黄鑫　　制单：赵佳佳

记 账 凭 证

2018 年 10 月 27 日　　　　记字第 016 号

摘要	总账科目	明细科目	借方金额										贷方金额										记账
			千	百	十	万	千	百	十	元	角	分	千	百	十	万	千	百	十	元	角	分	
王明出差借款	其他应收款						3	0	0	0	0	0											
王明出差借款	银行存款																3	0	0	0	0	0	
合　计						¥	3	0	0	0	0	0				¥	3	0	0	0	0	0	

附凭证 1 张

财务主管：娄旭华　　记账：赵佳佳　　出纳：刘峰　　审核：黄鑫　　制单：赵佳佳

记 账 凭 证

2018 年 10 月 31 日　　　　记字第 0171/2 号

摘要	总账科目	明细科目	借方金额										贷方金额										记账
			千	百	十	万	千	百	十	元	角	分	千	百	十	万	千	百	十	元	角	分	
领用材料	生产成本	甲产品			2	6	7	1	5	0	0	0											
领用材料	生产成本	乙产品			1	1	2	8	0	0	0	0											
领用材料	制造费用	材料耗费				1	3	8	3	0	0	0											
领用材料	管理费用	材料耗费					8	9	0	0	0	0											
领用材料	原材料	A 材料													1	7	5	6	8	0	0	0	
合　计																							

附凭证 1 张

财务主管：娄旭华　　记账：赵佳佳　　出纳：刘峰　　审核：黄鑫　　制单：赵佳佳

记 账 凭 证

2018 年 10 月 31 日　　　　记字第 0172/2 号

摘要	总账科目	明细科目	借方金额										贷方金额										记账
			千	百	十	万	千	百	十	元	角	分	千	百	十	万	千	百	十	元	角	分	
领用材料	原材料	B 材料													1	5	9	0	0	0	0	0	
领用材料	原材料	C 材料														6	8	0	0	0	0	0	
合　计				¥	4	0	2	6	8	0	0	0		¥	4	0	2	6	8	0	0	0	

附凭证　张

财务主管：娄旭华　　记账：赵佳佳　　出纳：刘峰　　审核：黄鑫　　制单：赵佳佳

记账凭证

2018 年 10 月 31 日 记字第 018 号

摘要	总账科目	明细科目	借方金额										贷方金额										记账
			千	百	十	万	千	百	十	元	角	分	千	百	十	万	千	百	十	元	角	分	
分配工资	生产成本	甲产品				4	3	0	0	0	0	0											
分配工资	生产成本	乙产品				2	1	0	0	0	0	0											
分配工资	制造费用	工资				1	5	0	0	0	0	0											
分配工资	管理费用	工资				3	1	0	0	0	0	0											
分配工资	应付职工薪酬														1	1	0	0	0	0	0	0	
合 计				¥	1	1	0	0	0	0	0	0		¥	1	1	0	0	0	0	0	0	

附凭证 1 张

财务主管：娄旭华 记账：赵佳佳 出纳：刘峰 审核：黄鑫 制单：赵佳佳

记账凭证

2018 年 10 月 31 日 记字第 019 号

摘要	总账科目	明细科目	借方金额										贷方金额										记账
			千	百	十	万	千	百	十	元	角	分	千	百	十	万	千	百	十	元	角	分	
计提折旧	制造费用	折旧费				2	3	0	0	0	0	0											
计提折旧	管理费用	折旧费				1	2	4	0	0	0	0											
计提折旧	累计折旧															3	5	4	0	0	0	0	
合 计					¥	3	5	4	0	0	0	0			¥	3	5	4	0	0	0	0	

附凭证 1 张

财务主管：娄旭华 记账：赵佳佳 出纳：刘峰 审核：黄鑫 制单：赵佳佳

记账凭证

2018 年 10 月 31 日 记字第 020 号

摘要	总账科目	明细科目	借方金额										贷方金额										记账
			千	百	十	万	千	百	十	元	角	分	千	百	十	万	千	百	十	元	角	分	
分配制造费用	生产成本	甲产品				3	6	2	8	1	0	0											
分配制造费用	生产成本	乙产品				1	5	5	4	9	0	0											
分配制造费用	制造费用	材料耗费														1	3	8	3	0	0	0	
分配制造费用	制造费用	工资														1	5	0	0	0	0	0	
分配制造费用	制造费用	折旧费														2	3	0	0	0	0	0	
合 计					¥	5	1	8	3	0	0	0			¥	5	1	8	3	0	0	0	

附凭证 1 张

财务主管：娄旭华 记账：赵佳佳 出纳：刘峰 审核：黄鑫 制单：赵佳佳

记账凭证

2018年10月31日　　　　记字第021号

摘要	总账科目	明细科目	借方金额										贷方金额										记账
			千	百	十	万	千	百	十	元	角	分	千	百	十	万	千	百	十	元	角	分	
完工产品入库	库存商品	甲产品			3	4	6	4	3	1	0	0											
完工产品入库	生产成本	甲产品													3	4	6	4	3	1	0	0	
合　计				¥	3	4	6	4	3	1	0	0		¥	3	4	6	4	3	1	0	0	

附凭证 1 张

财务主管：娄旭华　　记账：赵佳佳　　出纳：刘峰　　审核：黄鑫　　制单：赵佳佳

记账凭证

2018年10月31日　　　　记字第022号

摘要	总账科目	明细科目	借方金额										贷方金额										记账
			千	百	十	万	千	百	十	元	角	分	千	百	十	万	千	百	十	元	角	分	
结转产品销售成本	主营业务成本				3	6	5	5	0	0	0	0											
结转产品销售成本	库存商品	甲产品													2	8	2	0	0	0	0	0	
结转产品销售成本	库存商品	乙产品														8	3	5	0	0	0	0	
合　计				¥	3	6	5	5	0	0	0	0		¥	3	6	5	5	0	0	0	0	

附凭证 1 张

财务主管：娄旭华　　记账：赵佳佳　　出纳：刘峰　　审核：黄鑫　　制单：赵佳佳

记账凭证

2018年10月31日　　　　记字第023号

摘要	总账科目	明细科目	借方金额										贷方金额										记账
			千	百	十	万	千	百	十	元	角	分	千	百	十	万	千	百	十	元	角	分	
计提税费	税金及附加						4	1	5	8	0	0											
计提税费	应交税费	应交城建税															2	6	4	6	0	0	
计提税费	应交税费	教育费附加															1	5	1	2	0	0	
合　计						¥	4	1	5	8	0	0				¥	4	1	5	8	0	0	

附凭证 1 张

财务主管：娄旭华　　记账：赵佳佳　　出纳：刘峰　　审核：黄鑫　　制单：赵佳佳

记账凭证

2018 年 10 月 31 日　　　　记字第 024 号

摘要	总账科目	明细科目	借方金额										贷方金额										记账
			千	百	十	万	千	百	十	元	角	分	千	百	十	万	千	百	十	元	角	分	
结转收入	主营业务收入				4	5	0	0	0	0	0	0											
结转收入	营业外收入							4	3	0	0	0											
结转收入	本年利润														4	5	0	4	3	0	0	0	
合　计				¥	4	5	0	4	3	0	0	0		¥	4	5	0	4	3	0	0	0	

附凭证 1 张

财务主管：娄旭华　　记账：赵佳佳　　出纳：刘峰　　审核：黄鑫　　制单：赵佳佳

记账凭证

2018 年 10 月 31 日　　　　记字第 0251/3 号

摘要	总账科目	明细科目	借方金额										贷方金额										记账
			千	百	十	万	千	百	十	元	角	分	千	百	十	万	千	百	十	元	角	分	
结转成本费用	本年利润				4	3	1	1	8	4	5	0											
结转成本费用	主营业务成本														3	6	5	5	0	0	0	0	
结转成本费用	税金及附加																4	1	5	8	0	0	
结转成本费用	管理费用	差旅费															3	6	8	0	0	0	
结转成本费用	管理费用	办公费															1	0	5	0	0	0	
合　计																							

附凭证 024 张

财务主管：娄旭华　　记账：赵佳佳　　出纳：刘峰　　审核：黄鑫　　制单：赵佳佳

记账凭证

2018 年 10 月 31 日　　　　记字第 0252/3 号

摘要	总账科目	明细科目	借方金额										贷方金额										记账
			千	百	十	万	千	百	十	元	角	分	千	百	十	万	千	百	十	元	角	分	
结转成本费用	管理费用	材料消耗															8	9	0	0	0	0	
结转成本费用	管理费用	工资														3	1	0	0	0	0	0	
结转成本费用	管理费用	折旧费														1	2	4	0	0	0	0	
结转成本费用	销售费用	广告费															2	0	0	0	0	0	
结转成本费用	财务费用	利息支出															1	3	2	5	0	0	
合　计																							

附凭证 024 张

财务主管：娄旭华　　记账：赵佳佳　　出纳：刘峰　　审核：黄鑫　　制单：赵佳佳

记账凭证

2018 年 10 月 31 日　　　　记字第 0252/3 号

摘要	总账科目	明细科目	借方金额										贷方金额										记账
			千	百	十	万	千	百	十	元	角	分	千	百	十	万	千	百	十	元	角	分	
结转成本费用	财务费用	利息收入						1	2	8	5	0											
结转成本费用	营业外支出																1	3	0	0	0	0	
合　计				¥	4	3	1	3	1	3	0	0		¥	4	3	1	3	1	3	0	0	

附凭证 024 张

财务主管：娄旭华　　记账：赵佳佳　　出纳：刘峰　　审核：黄鑫　　制单：赵佳佳

记账凭证

2018 年 10 月 31 日　　　　记字第 026 号

摘要	总账科目	明细科目	借方金额										贷方金额										记账
			千	百	十	万	千	百	十	元	角	分	千	百	十	万	千	百	十	元	角	分	
提取盈余公积	利润分配	提取盈余公积					2	1	6	5	1	2											
	盈余公积																2	1	6	5	1	2	
合　计						¥	2	1	6	5	1	2				¥	2	1	6	5	1	2	

附凭证　张

财务主管：娄旭华　　记账：赵佳佳　　出纳：刘峰　　审核：黄鑫　　制单：赵佳佳

项目三 日记账的登记

一、实验目的

通过实验，使学生了解并掌握登记库存现金日记账和银行存款日记账的具体方法。

（一）库存现金日记账的设置与登记

1. 库存现金日记账的设置。

库存现金日记账是用来核算和监督库存现金每日的收入、支出和结存情况的账簿。由出纳人员根据现金收款凭证、现金付款凭证和银行存款付款凭证（记录从银行提取现金业务），按照经济业务发生时间的先后顺序逐日、逐笔进行登记。库存现金日记账的格式一般有三栏式和多栏式两种，日常多采用三栏式，本项目的练习也采用三栏式。

2. 库存现金日记账的具体登记方法。

（1）日期栏：登记记账凭证的日期，应与现金实际收付日期一致。

（2）凭证栏：登记入账的收、付款凭证的种类和编号。

（3）摘要栏：简要说明登记入账的经济业务的内容。

（4）对方科目栏：登记现金收入或支出的对方科目名称。

（5）收入、支出、余额栏：登记现金实际收付的金额。

（6）每日终了，应分别计算现金收入和支出的合计数，并结出余额；同时，将余额与出纳员保管的库存现金实存数核对，做到“日清”，以检查每日现金收付是否有误。月终，同样要计算出全月现金收入、支出合计数和结存数，做到“月结”。

（二）银行存款日记账的设置与登记

1. 银行存款日记账的设置。

银行存款日记账是用来核算和监督银行存款每日的收入、支出和结存情况的账簿。由出纳人员根据银行存款收款凭证、银行存款付款凭证和现金付款凭证（记录将现金存入银行业务），按照经济业务发生时间的先后顺序逐日逐笔进行登记。银行存款日记账的格式一般有三栏式和多栏式两种，日常多采用三栏式，本项目的练习也采用三栏式。

2. 银行存款日记账的具体登记方法。

（1）日期栏：登记记账凭证的日期，应与银行存款实际收付日期一致。

（2）凭证栏：登记入账的收、付款凭证的种类和编号。

（3）摘要栏：简要说明登记入账的经济业务的内容。

（4）现金支票号码和转账支票号码栏：如果所记录的经济业务是以支票付款结算的，应在这两栏内填写相应的支票号码，以便与银行对账。

（5）对方科目栏：登记现金收入或支出的对方科目名称。

（6）收入、支出、余额栏：登记现金实际收付的金额。

（7）每日终了，应分别计算银行存款的收入和支出的合计数，并结出余额，做到“日清”；月终，应计算出银行存款全月收入、支出合计数和结存数，做到“月结”。

二、实验要求

1. 要求学生根据第一部分项目二山西四美实业有限公司2018年10月的原始凭证编制的记账凭证逐日逐笔登记库存现金日记账和银行存款日记账（另外的实验账簿中）。

2. 要求学生根据下面给定的山西信科机械有限公司2018年9月的记账凭证逐日逐笔登记库存现金日记账和银行存款日记账。9月库存现金期初余额为1 560.00元，银行存款期初余额为136 852.00元。

三、记账凭证

山西信科机械有限公司2018年9月根据原始凭证编制的记账凭证中涉及库存现金和银行存款的记账凭证如下。

记 账 凭 证

2018年9月1日　　　　记字第001号

摘要	总账科目	明细科目	借方金额										贷方金额										记账
			千	百	十	万	千	百	十	元	角	分	千	百	十	万	千	百	十	元	角	分	
收到前欠货款	银行存款				1	8	0	0	0	0	0	0											
收到前欠货款	应收账款	华硕公司													1	8	0	0	0	0	0	0	
合　计				¥	1	8	0	0	0	0	0	0		¥	1	8	0	0	0	0	0	0	

附凭证 1 张

财务主管：娄旭华　　记账：赵佳佳　　出纳：刘峰　　审核：黄鑫　　制单：赵佳佳

记 账 凭 证

2018 年 9 月 1 日　　　　记字第 003 号

摘要	总账科目	明细科目	借方金额										贷方金额										记账
			千	百	十	万	千	百	十	元	角	分	千	百	十	万	千	百	十	元	角	分	
支付广告费	销售费用	广告费					2	0	0	0	0	0											
支付广告费	应交税费	应交增值税(进)						1	2	0	0	0											
支付广告费	银行存款																2	1	2	0	0	0	
合　计						¥	2	1	2	0	0	0				¥	2	1	2	0	0	0	

附凭证 2 张

财务主管：娄旭华　　记账：赵佳佳　　出纳：刘峰　　审核：黄鑫　　制单：赵佳佳

记 账 凭 证

2018 年 9 月 4 日　　　　记字第 006 号

摘要	总账科目	明细科目	借方金额										贷方金额										记账
			千	百	十	万	千	百	十	元	角	分	千	百	十	万	千	百	十	元	角	分	
销售产品收到货款	银行存款				2	3	2	0	0	0	0	0											
销售产品收到货款	主营业务收入														2	0	0	0	0	0	0	0	
销售产品收到货款	应交税费	应交增值税(销)														3	2	0	0	0	0	0	
合　计				¥	2	3	2	0	0	0	0	0		¥	2	3	2	0	0	0	0	0	

附凭证 4 张

财务主管：娄旭华　　记账：赵佳佳　　出纳：刘峰　　审核：黄鑫　　制单：赵佳佳

记 账 凭 证

2018 年 9 月 5 日　　　　记字第 008 号

摘要	总账科目	明细科目	借方金额										贷方金额										记账
			千	百	十	万	千	百	十	元	角	分	千	百	十	万	千	百	十	元	角	分	
采购 A 材料	原材料	A 材料			2	1	3	0	0	0	0	0											
采购 A 材料	应交税费	应交增值税(进)				3	4	0	8	0	0	0											
采购 A 材料	银行存款														2	4	7	0	8	0	0	0	
合　计				¥	2	4	7	0	8	0	0	0		¥	2	4	7	0	8	0	0	0	

附凭证 4 张

财务主管：娄旭华　　记账：赵佳佳　　出纳：刘峰　　审核：黄鑫　　制单：赵佳佳

记账凭证

2018 年 9 月 6 日　　　　记字第 010 号

摘要	总账科目	明细科目	借方金额										贷方金额										记账
			千	百	十	万	千	百	十	元	角	分	千	百	十	万	千	百	十	元	角	分	
电费	制造费用	电费					2	4	0	0	0	0											
电费	管理费用	电费					2	4	0	0	0	0											
电费	应交税费	应交增值税(进)						7	6	8	0	0											
电费	银行存款																5	5	6	8	0	0	
合计						¥	5	5	6	8	0	0				¥	5	5	6	8	0	0	

附凭证 2 张

财务主管：娄旭华　　记账：赵佳佳　　出纳：刘峰　　审核：黄鑫　　制单：赵佳佳

记账凭证

2018 年 9 月 6 日　　　　记字第 011 号

摘要	总账科目	明细科目	借方金额										贷方金额										记账
			千	百	十	万	千	百	十	元	角	分	千	百	十	万	千	百	十	元	角	分	
水费	制造费用	水费					1	5	8	0	0	0											
水费	应交税费	应交增值税(进)						1	5	8	0	0											
水费	银行存款																1	7	3	8	0	0	
合计						¥	1	7	3	8	0	0				¥	1	7	3	8	0	0	

附凭证 2 张

财务主管：娄旭华　　记账：赵佳佳　　出纳：刘峰　　审核：黄鑫　　制单：赵佳佳

记账凭证

2018 年 9 月 8 日　　　　记字第 014 号

摘要	总账科目	明细科目	借方金额										贷方金额										记账
			千	百	十	万	千	百	十	元	角	分	千	百	十	万	千	百	十	元	角	分	
缴纳增值税	应交税费	未交增值税				1	3	5	0	0	0	0											
缴纳增值税	银行存款															1	3	5	0	0	0	0	
合计					¥	1	3	5	0	0	0	0			¥	1	3	5	0	0	0	0	

附凭证 1 张

财务主管：娄旭华　　记账：赵佳佳　　出纳：刘峰　　审核：黄鑫　　制单：赵佳佳

记账凭证

2018 年 9 月 8 日　　记字第 015 号

摘要	总账科目	明细科目	借方金额										贷方金额										记账
			千	百	十	万	千	百	十	元	角	分	千	百	十	万	千	百	十	元	角	分	
缴纳地税	应交税费	应交城建税						9	4	5	0	0											
缴纳地税	应交税费	教育费附加						5	4	0	0	0											
缴纳地税	银行存款																1	4	8	5	0	0	
合　计						¥	1	4	8	5	0	0				¥	1	4	8	5	0	0	

附凭证 1 张

财务主管：娄旭华　　记账：赵佳佳　　出纳：刘峰　　审核：黄鑫　　制单：赵佳佳

记账凭证

2018 年 9 月 11 日　　记字第 019 号

摘要	总账科目	明细科目	借方金额										贷方金额										记账
			千	百	十	万	千	百	十	元	角	分	千	百	十	万	千	百	十	元	角	分	
从银行提取现金	库存现金						3	0	0	0	0	0											
从银行提取现金	银行存款																3	0	0	0	0	0	
合　计						¥	3	0	0	0	0	0				¥	3	0	0	0	0	0	

附凭证 1 张

财务主管：娄旭华　　记账：赵佳佳　　出纳：刘峰　　审核：黄鑫　　制单：赵佳佳

记账凭证

2018 年 9 月 11 日　　记字第 020 号

摘要	总账科目	明细科目	借方金额										贷方金额										记账
			千	百	十	万	千	百	十	元	角	分	千	百	十	万	千	百	十	元	角	分	
张斌出差报销	管理费用	差旅费					2	6	8	0	0	0											
张斌出差报销	应交税费	应交增值税(进)							6	0	0	0											
张斌出差报销	其他应收款																1	0	0	0	0	0	
张斌出差报销	库存现金																1	7	4	0	0	0	
合　计						¥	2	7	4	0	0	0				¥	2	7	4	0	0	0	

附凭证 5 张

财务主管：娄旭华　　记账：赵佳佳　　出纳：刘峰　　审核：黄鑫　　制单：赵佳佳

记账凭证

2018 年 9 月 11 日　　　　记字第 021 号

摘要	总账科目	明细科目	借方金额										贷方金额										记账
			千	百	十	万	千	百	十	元	角	分	千	百	十	万	千	百	十	元	角	分	
销售材料收到货款	库存现金						3	4	8	0	0	0											
销售材料收到货款	其他业务收入																3	0	0	0	0	0	
销售材料收到货款	应交税费	应交增值税(销)																4	8	0	0	0	
合　计						¥	3	4	8	0	0	0				¥	3	4	8	0	0	0	

附凭证 4 张

财务主管：娄旭华　　记账：赵佳佳　　出纳：刘峰　　审核：黄鑫　　制单：赵佳佳

记账凭证

2018 年 9 月 14 日　　　　记字第 025 号

摘要	总账科目	明细科目	借方金额										贷方金额										记账
			千	百	十	万	千	百	十	元	角	分	千	百	十	万	千	百	十	元	角	分	
报销办公费	管理费用	办公费					1	2	8	0	0	0											
报销办公费	应交税费	应交增值税(销)						2	0	4	8	0											
报销办公费	库存现金																1	4	8	4	8	0	
合　计						¥	1	4	8	4	8	0				¥	1	4	8	4	8	0	

附凭证 5 张

财务主管：娄旭华　　记账：赵佳佳　　出纳：刘峰　　审核：黄鑫　　制单：赵佳佳

记账凭证

2018 年 9 月 14 日　　　　记字第 026 号

摘要	总账科目	明细科目	借方金额										贷方金额										记账
			千	百	十	万	千	百	十	元	角	分	千	百	十	万	千	百	十	元	角	分	
将现金存入银行	银行存款						3	0	0	0	0	0											
将现金存入银行	库存现金																3	0	0	0	0	0	
合　计						¥	3	0	0	0	0	0				¥	3	0	0	0	0	0	

附凭证 1 张

财务主管：娄旭华　　记账：赵佳佳　　出纳：刘峰　　审核：黄鑫　　制单：赵佳佳

记 账 凭 证

2018 年 9 月 18 日　　　　记字第 029 号

摘要	总账科目	明细科目	借方金额										贷方金额										记账
			千	百	十	万	千	百	十	元	角	分	千	百	十	万	千	百	十	元	角	分	
发放工资	应付职工薪酬				1	1	0	0	0	0	0	0											
发放工资	银行存款														1	1	0	0	0	0	0	0	
合　计				¥	1	1	0	0	0	0	0	0		¥	1	1	0	0	0	0	0	0	

附凭证 2 张

财务主管：娄旭华　　记账：赵佳佳　　出纳：刘峰　　审核：黄鑫　　制单：赵佳佳

记 账 凭 证

2018 年 9 月 21 日　　　　记字第 033 号

摘要	总账科目	明细科目	借方金额										贷方金额										记账
			千	百	十	万	千	百	十	元	角	分	千	百	十	万	千	百	十	元	角	分	
支付本月借款利息	财务费用	利息支出					1	3	2	5	0	0											
支付本月借款利息	银行存款																1	3	2	5	0	0	
合　计				¥	1	3	2	5	0	0				¥	1	3	2	5	0	0			

附凭证 1 张

财务主管：娄旭华　　记账：赵佳佳　　出纳：刘峰　　审核：黄鑫　　制单：赵佳佳

记 账 凭 证

2018 年 9 月 21 日　　　　记字第 034 号

摘要	总账科目	明细科目	借方金额										贷方金额										记账
			千	百	十	万	千	百	十	元	角	分	千	百	十	万	千	百	十	元	角	分	
收到本月存款利息	银行存款							1	6	8	5	0											
收到本月存款利息	财务费用	利息收入																1	6	8	5	0	
合　计							¥	1	6	8	5	0					¥	1	6	8	5	0	

附凭证 1 张

财务主管：娄旭华　　记账：赵佳佳　　出纳：刘峰　　审核：黄鑫　　制单：赵佳佳

记账凭证

2018年9月25日　　　　记字第040号

摘要	总账科目	明细科目	借方金额										贷方金额										记账
			千	百	十	万	千	百	十	元	角	分	千	百	十	万	千	百	十	元	角	分	
李明出差借款	其他应收款						3	0	0	0	0	0											
李明出差借款	银行存款																3	0	0	0	0	0	
合　计						¥	3	0	0	0	0	0				¥	3	0	0	0	0	0	

附凭证 1 张

财务主管：娄旭华　　记账：赵佳佳　　出纳：刘峰　　审核：黄鑫　　制单：赵佳佳

记账凭证

2018年9月29日　　　　记字第049号

摘要	总账科目	明细科目	借方金额										贷方金额										记账
			千	百	十	万	千	百	十	元	角	分	千	百	十	万	千	百	十	元	角	分	
李明报销差旅费	制造费用	差旅费					4	3	6	6	0	0											
李明报销差旅费	其他应收款																3	0	0	0	0	0	
李明报销差旅费	库存现金																1	3	6	6	0	0	
合　计						¥	4	3	6	6	0	0				¥	4	3	6	6	0	0	

附凭证 4 张

财务主管：娄旭华　　记账：赵佳佳　　出纳：刘峰　　审核：黄鑫　　制单：赵佳佳

库存现金日记账

第 1 页

年		凭证		对方科目	摘要	收入（借方）金额										付出（贷方）金额										√	结存金额									
月	日	字	号			千	百	十	万	千	百	十	元	角	分	千	百	十	万	千	百	十	元	角	分		千	百	十	万	千	百	十	元	角	分

银行存款日记账

第 1 页

年		凭证		对方科目	摘要	收入（借方）金额										付出（贷方）金额										√	结存金额									
月	日	字	号			千	百	十	万	千	百	十	元	角	分	千	百	十	万	千	百	十	元	角	分		千	百	十	万	千	百	十	元	角	分

库存现金日记账

第 2 页

年		凭证		对方科目	摘要	收入（借方）金额										付出（贷方）金额										√	结存金额									
月	日	字	号			千	百	十	万	千	百	十	元	角	分	千	百	十	万	千	百	十	元	角	分		千	百	十	万	千	百	十	元	角	分

银行存款日记账

第 2 页

年		凭证		对方科目	摘要	收入（借方）金额										付出（贷方）金额										√	结存金额									
月	日	字	号			千	百	十	万	千	百	十	元	角	分	千	百	十	万	千	百	十	元	角	分		千	百	十	万	千	百	十	元	角	分

项目四 三栏式明细账的登记

一、实验目的

通过实验，使学生了解并掌握登记三栏式明细账的具体方法。

（一）三栏式明细账的设置及适用范围

三栏式明细账设有“借、贷、余”三个基本栏次，分为设对方科目和不设对方科目两种，区别是在摘要栏和借方科目栏之间是否有一栏“对方科目”。由会计人员根据审核无误的记账凭证，按经济业务发生的时间先后顺序逐日逐笔进行登记。

三栏式明细账适用于那些只需要反映金额而不需要进行数量核算的债权、债务、资本明细账，如“应收账款”“预付账款”“应付账款”“实收资本”等账户所属的明细分类账。

（二）三栏式明细账的具体登记方法

1. 日期栏：登记记账凭证的日期。
2. 凭证栏：登记入账的凭证的种类和编号。
3. 摘要栏：简要说明登记入账的经济业务的内容。
4. 借方、贷方及余额栏：登记经济业务涉及的账户增减变动金额。
5. 借或贷栏：登记余额的方向。
6. 账页的页次：登记总页次和分页次。

二、实验要求

1. 要求学生根据给定的第一部分项目二山西四美实业有限公司 2018 年 10 月的原始凭证编制的记账凭证逐笔登记三栏式明细账，具体包括：“应收账款”“预付账款”“应付账款”“应交税费”“生产成本”等（在另外的实验账簿中进行）。

2. 要求学生根据给定的山西信科机械有限公司 2018 年 9 月涉及应收账款的记账凭证逐笔登记“应收账款”明细账。

应收账款明细账户 9 月期初余额如下：

明细科目	金额
华硕公司	250 000.00
华北第一轴承厂	254 000.00
北方钢铁有限公司	154 500.00
中原轴承设备厂	280 000.00
平鲁设备有限公司	65 000.00

三、记账凭证

山西信科机械有限公司 2018 年 9 月涉及应收账款的记账凭证如下：

记 账 凭 证

2018 年 9 月 1 日

记字第 001 号

摘要	总账科目	明细科目	借方金额										贷方金额										记账
			千	百	十	万	千	百	十	元	角	分	千	百	十	万	千	百	十	元	角	分	
收到前欠货款	银行存款				1	8	0	0	0	0	0	0											
收到前欠货款	应收账款	华硕公司													1	8	0	0	0	0	0	0	
合 计				¥	1	8	0	0	0	0	0	0		¥	1	8	0	0	0	0	0	0	

附凭证 1 张

财务主管：娄旭华　记账：赵佳佳　出纳：刘峰　审核：黄鑫　制单：赵佳佳

记 账 凭 证

2018 年 9 月 18 日

记字第 007 号

摘要	总账科目	明细科目	借方金额										贷方金额										记账
			千	百	十	万	千	百	十	元	角	分	千	百	十	万	千	百	十	元	角	分	
收到前欠货款	银行存款				1	5	0	0	0	0	0	0											
收到前欠货款	应收账款	华北第一轴承厂													1	5	0	0	0	0	0	0	
合 计				¥	1	5	0	0	0	0	0	0		¥	1	5	0	0	0	0	0	0	

附凭证 1 张

财务主管：娄旭华　记账：赵佳佳　出纳：刘峰　审核：黄鑫　制单：赵佳佳

记账凭证

2018 年 9 月 12 日　　　　记字第 023 号

摘要	总账科目	明细科目	借方金额										贷方金额										记账
			千	百	十	万	千	百	十	元	角	分	千	百	十	万	千	百	十	元	角	分	
销售产品款未收全	应收账款	北方钢铁公司				7	4	0	0	0	0	0											
销售产品款未收全	银行存款				1	0	0	0	0	0	0	0											
销售产品款未收全	主营业务收入														1	5	0	0	0	0	0	0	
销售产品款未收全	应交税费	应交增值税(销)														2	4	0	0	0	0	0	
合　计				¥	1	7	4	0	0	0	0	0		¥	1	7	4	0	0	0	0	0	

附凭证 4 张

财务主管：娄旭华　　记账：赵佳佳　　出纳：刘峰　　审核：黄鑫　　制单：赵佳佳

记账凭证

2018 年 9 月 18 日　　　　记字第 030 号

摘要	总账科目	明细科目	借方金额										贷方金额										记账
			千	百	十	万	千	百	十	元	角	分	千	百	十	万	千	百	十	元	角	分	
收到银行汇票	应收票据					7	0	0	0	0	0	0											
收到银行汇票	应收账款	华硕公司														7	0	0	0	0	0	0	
合　计					¥	7	0	0	0	0	0	0			¥	7	0	0	0	0	0	0	

附凭证 1 张

财务主管：娄旭华　　记账：赵佳佳　　出纳：刘峰　　审核：黄鑫　　制单：赵佳佳

记账凭证

2018 年 9 月 19 日　　　　记字第 031 号

摘要	总账科目	明细科目	借方金额										贷方金额										记账
			千	百	十	万	千	百	十	元	角	分	千	百	十	万	千	百	十	元	角	分	
销售产品款未收到	应收账款	华北第一轴承厂			2	3	2	0	0	0	0	0											
销售产品款未收到	主营业务收入														2	0	0	0	0	0	0	0	
销售产品款未收到	应交税费	应交增值税(销)														3	2	0	0	0	0	0	
合　计				¥	2	3	2	0	0	0	0	0		¥	2	3	2	0	0	0	0	0	

附凭证 3 张

财务主管：娄旭华　　记账：赵佳佳　　出纳：刘峰　　审核：黄鑫　　制单：赵佳佳

记账凭证

2018 年 9 月 21 日　　　　记字第 035 号

摘要	总账科目	明细科目	借方金额										贷方金额										记账
			千	百	十	万	千	百	十	元	角	分	千	百	十	万	千	百	十	元	角	分	
销售产品款未收到	应收账款	平鲁设备公司				2	8	4	2	0	0	0											
销售产品款未收到	主营业务收入															2	4	5	0	0	0	0	
销售产品款未收到	应交税费	应交增值税(销)															3	9	2	0	0	0	
合　计					¥	2	8	4	2	0	0	0			¥	2	8	4	2	0	0	0	

附凭证 3 张

财务主管：娄旭华　　记账：赵佳佳　　出纳：刘峰　　审核：黄鑫　　制单：赵佳佳

记账凭证

2018 年 9 月 25 日　　　　记字第 041 号

摘要	总账科目	明细科目	借方金额										贷方金额										记账
			千	百	十	万	千	百	十	元	角	分	千	百	十	万	千	百	十	元	角	分	
收到前欠货款	银行存款					9	3	6	6	5	0	0											
收到前欠货款	应收账款	平鲁设备公司														9	3	6	6	5	0	0	
合　计					¥	9	3	6	6	5	0	0			¥	9	3	6	6	5	0	0	

附凭证 1 张

财务主管：娄旭华　　记账：赵佳佳　　出纳：刘峰　　审核：黄鑫　　制单：赵佳佳

记账凭证

2018 年 9 月 29 日　　　　记字第 048 号

摘要	总账科目	明细科目	借方金额										贷方金额										记账
			千	百	十	万	千	百	十	元	角	分	千	百	十	万	千	百	十	元	角	分	
销售产品款未收到	应收账款	百事通设备公司				2	7	4	9	2	0	0											
销售产品款未收到	主营业务收入															2	3	7	0	0	0	0	
销售产品款未收到	应交税费	应交增值税(销)															3	7	9	2	0	0	
合　计					¥	2	7	4	9	2	0	0			¥	2	7	4	9	2	0	0	

附凭证 1 张

财务主管：娄旭华　　记账：赵佳佳　　出纳：刘峰　　审核：黄鑫　　制单：赵佳佳

明细分类账（甲）

总页		分页	

一级会计科目名称或编码：
二级会计科目名称或编码：

年		凭证		摘要	借方										√	贷方										√	借或贷	余额										√
月	日	字	号		千	百	十	万	千	百	十	元	角	分		千	百	十	万	千	百	十	元	角	分			千	百	十	万	千	百	十	元	角	分	

明细分类账（甲）

总页		分页	

一级会计科目名称或编码：
二级会计科目名称或编码：

年		凭证		摘要	借方										√	贷方										√	借或贷	余额										√
月	日	字	号		千	百	十	万	千	百	十	元	角	分		千	百	十	万	千	百	十	元	角	分			千	百	十	万	千	百	十	元	角	分	

明细分类账（甲）

总页		分页	

一级会计科目名称或编码：

二级会计科目名称或编码：

年		凭证		摘要	借方										√	贷方										√	借或贷	余额										√
月	日	字	号		千	百	十	万	千	百	十	元	角	分		千	百	十	万	千	百	十	元	角	分			千	百	十	万	千	百	十	元	角	分	

明细分类账（甲）

总页		分页	

一级会计科目名称或编码：

二级会计科目名称或编码：

年		凭证		摘要	借方										√	贷方										√	借或贷	余额										√
月	日	字	号		千	百	十	万	千	百	十	元	角	分		千	百	十	万	千	百	十	元	角	分			千	百	十	万	千	百	十	元	角	分	

明细分类账（甲）

总页		分页	

一级会计科目名称或编码：

二级会计科目名称或编码：

年		凭证		摘要	借方										√	贷方										√	借或贷	余额										√
月	日	字	号		千	百	十	万	千	百	十	元	角	分		千	百	十	万	千	百	十	元	角	分			千	百	十	万	千	百	十	元	角	分	

明细分类账（甲）

总页		分页	

一级会计科目名称或编码：

二级会计科目名称或编码：

年		凭证		摘要	借方										√	贷方										√	借或贷	余额										√
月	日	字	号		千	百	十	万	千	百	十	元	角	分		千	百	十	万	千	百	十	元	角	分			千	百	十	万	千	百	十	元	角	分	

明细分类账（甲）

总页		分页	

一级会计科目名称或编码：

二级会计科目名称或编码：

年		凭证		摘要	借方										√	贷方										√	借或贷	余额										√
月	日	字	号		千	百	十	万	千	百	十	元	角	分		千	百	十	万	千	百	十	元	角	分			千	百	十	万	千	百	十	元	角	分	

明细分类账（甲）

总页		分页	

一级会计科目名称或编码：

二级会计科目名称或编码：

年		凭证		摘要	借方										√	贷方										√	借或贷	余额										√
月	日	字	号		千	百	十	万	千	百	十	元	角	分		千	百	十	万	千	百	十	元	角	分			千	百	十	万	千	百	十	元	角	分	

项目五

数量金额式明细账的登记

一、实验目的

通过实验，使学生了解并掌握登记数量金额式明细账的具体方法，并熟悉发出存货的计价方法及核算方法。

（一）数量金额式明细账的设置及适用范围

数量金额式明细账设有收入、发出和结存栏，但是在收入、发出和结存栏的每一栏目中，又分别设有数量、单价和金额栏，一般不设置反映对应科目的栏次。由会计人员根据审核无误的记账凭证或原始凭证，按经济业务发生的时间先后顺序逐日、逐笔进行登记。

数量金额式明细账适用于那些既要进行金额核算，又要进行实物数量核算的各种财产物资明细账，如“原材料”“库存商品”等账户所属的明细分类账。

（二）数量金额式明细账的具体登记方法

1. 日期栏：登记记账凭证的日期。
2. 凭证栏：登记入账的凭证的种类和编号。
3. 摘要栏：简要说明登记入账的经济业务的内容。
4. 借方、贷方及余额栏：登记经济业务涉及账户增减变动的数量、单价和金额。
5. 账页的页次：登记总页次和分页次。

（三）发出存货计价方法

1. 先进先出法：是根据先入库先发出的原则，对于发出的存货以先入存货的单价计算发出存货成本的方法。

2. 全月一次加权平均法：是以数量为权数计算存货的实际平均单价计算发出存货成本的方法，一般在月末计算一次平均单价，并乘以发出存货的数量作为发出存货的成本。

3. 移动加权平均法：是以每次进货的成本加上原有库存存货的成本，除以每次进货数量与原有库存存货数量之和计算出平均单价，再用以计算发出存货成本的方法。

4. 个别计价法：是对库存和发出的每一特定存货或每一批特定存货的个别成本或每一批成本加以认定的一种方法。

二、实验要求

1. 要求学生根据给定的第一部分项目二山西四美实业有限公司 2018 年 10 月的原始凭证编制的记账凭证逐笔登记数量金额式明细账，具体包括：“原材料”“库存商品”（在另外的实验账簿中进行）。

2. 要求学生根据给定的山西信科机械有限公司 2018 年 9 月涉及原材料的记账凭证及原始凭证逐笔登记“原材料”明细账（存货计价采用先进先出法并于发生时进行核算）。

原材料明细账户 9 月期初余额如下：

明细科目	数量	单价	金额
A 材料	50	2 138.00	106 900.00
B 材料	80	3 210.00	256 800.00
C 材料	135	683.00	92 205.00
D 材料	220	250.00	55 000.00

三、相关会计凭证

山西信科机械有限公司 2018 年 9 月涉及原材料的记账凭证及原始凭证如下：

记 账 凭 证

2018 年 9 月 5 日　　　　记字第 008 号

摘要	总账科目	明细科目	借方金额										贷方金额										记账
			千	百	十	万	千	百	十	元	角	分	千	百	十	万	千	百	十	元	角	分	
采购 A 材料	原材料	A 材料			2	1	3	0	0	0	0	0											
采购 A 材料	应交税费	应交增值税(销)				3	4	0	8	0	0	0											
采购 A 材料	银行存款														2	4	7	0	8	0	0	0	
合　计				¥	2	4	7	0	8	0	0	0		¥	2	4	7	0	8	0	0	0	

附凭证 3 张

财务主管：娄旭华　　记账：赵佳佳　　出纳：刘峰　　审核：黄鑫　　制单：赵佳佳

收　料　单

供应单位：太原钢材有限公司　　　　　　　　　　第 SL20180901 号

发票号码：01710042　　　　2018 年 09 月 05 日　　　　收料仓库：原材料库

编号	材料名称及规格	单位	数量		实际价格			
			应收	实收	单价	发票金额	运杂费	合计
101	A 材料	公斤	100	100	2 130.00	213 000.0C		213 000.00
合　计								213 000.00

记账联

记账：赵佳佳　　仓库保管员：吴敏和　　采购业务员：申国栋　　采购主管：翟富贵

记 账 凭 证

2018 年 9 月 7 日　　　　记字第 012 号

摘要	总账科目	明细科目	借方金额										贷方金额										记账
			千	百	十	万	千	百	十	元	角	分	千	百	十	万	千	百	十	元	角	分	
领用 A、B 材料	生产成本	甲产品			4	4	8	6	0	0	0	0											
领用 A、B 材料	原材料	A 材料													2	5	6	0	0	0	0	0	
领用 A、B 材料	原材料	B 材料													1	9	2	6	0	0	0	0	
合　计				¥	4	4	8	6	0	0	0	0		¥	4	4	8	6	0	0	0	0	

附凭证 1 张

财务主管：娄旭华　　记账：赵佳佳　　出纳：刘峰　　审核：黄鑫　　制单：赵佳佳

领　料　单

领用部门：生产车间　　　　　　　　　　第 LL20180901 号

用途：生产甲产品　　　　2018 年 09 月 07 日　　　　发料仓库：原材料库

编号	材料名称及规格	单位	数量		单价	金额
			请领	实领		
101	A 材料	公斤	120	50	2 138.00	106 900.00
101	A 材料	公斤		70	2 130.00	149 100.00
102	B 材料	公斤	60	60	3 210.00	192 600.00
合　计			180	180		¥448 600.00

记账联

记账：赵佳佳　　仓库保管员：吴敏和　　经办人：黄兴望　　生产主管：杜子恒

记 账 凭 证

2018 年 9 月 11 日　　　　记字第 028 号

摘要	总账科目	明细科目	借方金额										贷方金额										记账
			千	百	十	万	千	百	十	元	角	分	千	百	十	万	千	百	十	元	角	分	
采购 A、B 材料	原材料	A 材料			2	5	8	6	9	0	0	0											
采购 A、B 材料	原材料	B 材料			1	6	2	5	0	0	0	0											
采购 A、B 材料	应交税费	应交增值税(销)				6	7	4	3	3	6	0											
采购 A、B 材料	应付账款	宝华不锈钢公司													4	8	8	8	9	3	6	0	
合　计				¥	4	8	8	8	9	3	6	0		¥	4	8	8	8	9	3	6	0	

附凭证 2 张

财务主管：娄旭华　　记账：赵佳佳　　出纳：刘峰　　审核：黄鑫　　制单：赵佳佳

收　料　单

供应单位：宝华不锈钢有限公司　　　　第 SL20180902 号

发票号码：01709045　　2018 年 09 月 11 日　　收料仓库：原材料库

编号	材料名称及规格	单位	数量		实际价格			
			应收	实收	单价	发票金额	运杂费	合计
101	A 材料	公斤	120	120	2 158.00	258 960.00		258 960.00
102	B 材料	公斤	50	50	3 250.00	162 500.00		162 500.00
合　计								421 460.00

记账联

记账：赵佳佳　　仓库保管员：吴敏和　　采购业务员：申国栋　　采购主管：翟富贵

记 账 凭 证

2018 年 9 月 12 日　　　　记字第 029 号

摘要	总账科目	明细科目	借方金额										贷方金额										记账
			千	百	十	万	千	百	十	元	角	分	千	百	十	万	千	百	十	元	角	分	
领用 A、B 材料	生产成本	乙产品			2	5	8	1	0	0	0	0											
领用 A、B 材料	原材料	A 材料														6	3	9	0	0	0	0	
领用 A、B 材料	原材料	B 材料													1	9	4	2	0	0	0	0	
合　计				¥	2	5	8	1	0	0	0	0		¥	2	5	8	1	0	0	0	0	

附凭证 1 张

财务主管：娄旭华　　记账：赵佳佳　　出纳：刘峰　　审核：黄鑫　　制单：赵佳佳

领　料　单

领用部门：生产车间　　　　　　　　　　　　　　　　　　　　第 LL20180902 号

用途：生产乙产品　　　　　　2018 年 09 月 12 日　　　　　　发料仓库：原材料库

编号	材料名称及规格	单位	数量		单价	金额
			请领	实领		
101	A 材料	公斤	30	30	2 130.00	63 900.00
102	B 材料	公斤	60	20	3 210.00	64 200.00
102	B 材料	公斤		40	3 250.00	130 000.00
合　计			90	90		¥258 100.00

记账联

记账：赵佳佳　　　仓库保管员：吴敏和　　　经办人：黄兴望　　　生产主管：杜子恒

记 账 凭 证

2018 年 9 月 15 日　　　　　　　　　　　　　　　　　　记字第 033 号

摘要	总账科目	明细科目	借方金额										贷方金额										记账
			千	百	十	万	千	百	十	元	角	分	千	百	十	万	千	百	十	元	角	分	
采购 B 材料	原材料	B 材料			2	5	7	7	6	0	0	0											
采购 B 材料	应交税费	应交增值税(销)				4	1	2	4	1	6	0											
采购 B 材料	银行存款														2	9	9	0	0	1	6	0	
合　计				¥	2	9	9	0	0	1	6	0		¥	2	9	9	0	0	1	6	0	

附凭证 3 张

财务主管：娄旭华　　　记账：赵佳佳　　　出纳：刘峰　　　审核：黄鑫　　　制单：赵佳佳

收　料　单

供应单位：宝华不锈钢有限公司　　　　　　　　　　　　　　第 SL20180903 号

发票号码：01709049　　　　　2018 年 09 月 15 日　　　　　收料仓库：原材料库

编号	材料名称及规格	单位	数量		实际价格			
			应收	实收	单价	发票金额	运杂费	合计
102	B 材料	公斤	80	80	3 218.00	257 440.00	320.00	257 760.00
合　计								257 760.00

记账联

记账：赵佳佳　　　仓库保管员：吴敏和　　　采购业务员：申国栋　　　采购主管：翟富贵

记 账 凭 证

2018 年 9 月 18 日　　　　记字第 035 号

摘要	总账科目	明细科目	借方金额										贷方金额										记账
			千	百	十	万	千	百	十	元	角	分	千	百	十	万	千	百	十	元	角	分	
领用 A、C 材料	生产成本	甲产品			2	2	0	4	5	0	0	0											
领用 A、C 材料	生产成本	乙产品				3	4	1	5	0	0	0											
领用 A、C 材料	原材料	A 材料													1	7	2	6	4	0	0	0	
领用 A、C 材料	原材料	C 材料														8	1	9	6	0	0	0	
合　计				¥	2	5	4	6	0	0	0	0		¥	2	5	4	6	0	0	0	0	

附凭证 2 张

财务主管：娄旭华　　记账：赵佳佳　　出纳：刘峰　　审核：黄鑫　　制单：赵佳佳

领　料　单

领用部门：生产车间　　　　第 LL20180903 号

用途：生产甲产品　　2018 年 09 月 18 日　　发料仓库：原材料库

编号	材料名称及规格	单位	数量		单价	金额
			请领	实领		
101	A 材料	公斤	80	80	2 158.00	172 640.00
103	C 材料	公斤	70	70	683.00	47 810.00
合　计			150	150		¥220 450.00

记账联

记账：赵佳佳　　仓库保管员：吴敏和　　经办人：黄兴望　　生产主管：杜子恒

领　料　单

领用部门：生产车间　　　　第 LL20180904 号

用途：生产乙产品　　2018 年 09 月 18 日　　发料仓库：原材料库

编号	材料名称及规格	单位	数量		单价	金额
			请领	实领		
103	C 材料	公斤	50	50	683.00	34 150.00
合　计			50	50		¥34 150.00

记账联

记账：赵佳佳　　仓库保管员：吴敏和　　经办人：黄兴望　　生产主管：杜子恒

记 账 凭 证

2018 年 9 月 20 日　　　　记字第 037 号

摘要	总账科目	明细科目	借方金额										贷方金额										记账
			千	百	十	万	千	百	十	元	角	分	千	百	十	万	千	百	十	元	角	分	
采购 A 材料	原材料	A 材料			2	8	5	4	8	0	0	0											
采购 A 材料	应交税费	应交增值税(销)				4	5	6	3	0	0	0											
采购 A 材料	银行存款														3	3	1	1	1	0	0	0	
合　计				¥	3	3	1	1	1	0	0	0		¥	3	3	1	1	1	0	0	0	

附凭证 3 张

财务主管：娄旭华　　记账：赵佳佳　　出纳：刘峰　　审核：黄鑫　　制单：赵佳佳

收　料　单

供应单位：太原市新型材料有限公司　　　　第 SL20180904 号

发票号码：01709053　　2018 年 09 月 20 日　　收料仓库：原材料库

编号	材料名称及规格	单位	数量		实际价格			
			应收	实收	单价	发票金额	运杂费	合计
101	A 材料	公斤	130	130	2 190.00	284 700.00	780.00	285 480.00
合　计								285 480.00

记账联

记账：赵佳佳　　仓库保管员：吴敏和　　采购业务员：申国栋　　采购主管：翟富贵

记 账 凭 证

2018 年 9 月 20 日　　　　记字第 038 号

摘要	总账科目	明细科目	借方金额										贷方金额										记账
			千	百	十	万	千	百	十	元	角	分	千	百	十	万	千	百	十	元	角	分	
领用 C、D 材料	制造费用	材料耗费				1	7	7	4	5	0	0											
领用 C、D 材料	原材料	C 材料														1	0	2	4	5	0	0	
领用 C、D 材料	原材料	D 材料															7	5	0	0	0	0	
合　计					¥	1	7	7	4	5	0	0			¥	1	7	7	4	5	0	0	

财务主管：娄旭华　　记账：赵佳佳　　出纳：刘峰　　审核：黄鑫　　制单：赵佳佳

领　料　单

领用部门：生产车间　　　　　　　　　　　　　　　　　　　第 LL20180905 号

用途：车间一般耗用　　　　　　2018 年 09 月 20 日　　　　　　发料仓库：原材料库

编号	材料名称及规格	单位	数量		单价	金额
			请领	实领		
103	C 材料	公斤	15	15	683.00	10 245.00
104	D 材料	公斤	30	30	250.00	7 500.00
合　计			15	15		￥17 745.00

记账联

记账：赵佳佳　　　仓库保管员：吴敏和　　　经办人：黄兴望　　　生产主管：杜子恒

记 账 凭 证

2018 年 9 月 18 日　　　　　　　　　　　　　　　　记字第 029 号

摘要	总账科目	明细科目	借方金额										贷方金额										记账
			千	百	十	万	千	百	十	元	角	分	千	百	十	万	千	百	十	元	角	分	
领用 B 材料	生产成本	甲产品			1	6	1	3	8	0	0	0											
领用 B 材料	原材料	B 材料													1	6	1	3	8	0	0	0	
合　计				￥	1	6	1	3	8	0	0	0		￥	1	6	1	3	8	0	0	0	

附凭证 1 张

财务主管：娄旭华　　　记账：赵佳佳　　　出纳：刘峰　　　审核：黄鑫　　　制单：赵佳佳

领　料　单

领用部门：生产车间　　　　　　　　　　　　　　　　　　　第 LL20180903 号

用途：生产甲产品　　　　　　2018 年 09 月 18 日　　　　　　发料仓库：原材料库

编号	材料名称及规格	单位	数量		单价	金额
			请领	实领		
101	A 材料	公斤	80	80	2 158.00	172 640.00
103	C 材料	公斤	70	70	683.00	47 810.00
合　计			150	150		￥220 450.00

记账联

记账：赵佳佳　　　仓库保管员：吴敏和　　　经办人：黄兴望　　　生产主管：杜子恒

领　料　单

领用部门：生产车间　　　　　　　　　　　　　　　　　　　　第 LL20180906 号
用途：生产甲产品　　　　　　　　2018 年 09 月 21 日　　　　　　　　发料仓库：原材料库

编号	材料名称及规格	单位	数量		单价	金额
			请领	实领		
102	B 材料	公斤	50	10	3 250.00	32 500.00
102	B 材料	公斤		40	3 222.00	128 880.00
合　计			50	50		￥161 380.00

记账联

记账：赵佳佳　　　　仓库保管员：吴敏和　　　　经办人：黄兴望　　　　生产主管：杜子恒

记 账 凭 证

2018 年 9 月 25 日　　　　　　　　　　　　　　　　记字第 048 号

摘要	总账科目	明细科目	借方金额										贷方金额										记账
			千	百	十	万	千	百	十	元	角	分	千	百	十	万	千	百	十	元	角	分	
采购 B、C 材料	原材料	B 材料			6	3	6	0	0	0	0	0											
采购 B、C 材料	原材料	C 材料			1	7	0	0	0	0	0	0											
采购 B、C 材料	应交税费	应交增值税(销)			1	2	8	9	6	0	0	0											
采购 B、C 材料	应付账款	山西华康公司													9	3	4	9	6	0	0	0	
合　计				￥	9	3	4	9	6	0	0	0		￥	9	3	4	9	6	0	0	0	

附凭证 4 张

财务主管：娄旭华　　　　记账：赵佳佳　　　　出纳：刘峰　　　　审核：黄鑫　　　　制单：赵佳佳

收　料　单

供应单位：山西华康有限公司　　　　　　　　　　　　　　　　第 SL20180905 号
发票号码：01709062　　　　　　　2018 年 09 月 25 日　　　　　　　收料仓库：原材料库

编号	材料名称及规格	单位	数量		实际价格			
			应收	实收	单价	发票金额	运杂费	合计
102	B 材料	公斤	200	200	3 180.00	636 000.00		636 000.00
103	C 材料	公斤	250	250	680.00	170 000.00		170 000.00
合　计								806 000.00

记账联

记账：赵佳佳　　　　仓库保管员：吴敏和　　　　采购业务员：申国栋　　　　采购主管：翟富贵

记账凭证

2018 年 9 月 25 日　　记字第 050 号

摘要	总账科目	明细科目	借方金额										贷方金额										记账
			千	百	十	万	千	百	十	元	角	分	千	百	十	万	千	百	十	元	角	分	
领用 A、B 材料	生产成本	乙产品			2	1	5	2	0	0	0	0											
领用 A、B 材料	原材料	A 材料														8	6	3	2	0	0	0	
领用 A、B 材料	原材料	B 材料													1	2	8	8	8	0	0	0	
合　计				¥	2	1	5	2	0	0	0	0		¥	2	1	5	2	0	0	0	0	

附凭证 1 张

财务主管：娄旭华　　记账：赵佳佳　　出纳：刘峰　　审核：黄鑫　　制单：赵佳佳

领　料　单

领用部门：生产车间　　第 LL20180907 号

用途：生产乙产品　　2018 年 09 月 25 日　　发料仓库：原材料库

编号	材料名称及规格	单位	数量		单价	金额
			请领	实领		
101	A 材料	公斤	40	40	2 158.00	86 320.00
102	B 材料	公斤	40	40	3 222.00	128 880.00
合　计			80	80		¥215 200.00

记账联

记账：赵佳佳　　仓库保管员：吴敏和　　经办人：黄兴望　　生产主管：杜子恒

记账凭证

2018 年 9 月 27 日　　记字第 052 号

摘要	总账科目	明细科目	借方金额										贷方金额										记账
			千	百	十	万	千	百	十	元	角	分	千	百	十	万	千	百	十	元	角	分	
领用 C 材料	管理费用	材料耗用				1	3	6	0	0	0	0											
领用 C 材料	原材料	C 材料														1	3	6	0	0	0	0	
合　计					¥	1	3	6	0	0	0	0			¥	1	3	6	0	0	0	0	

附凭证 1 张

财务主管：娄旭华　　记账：赵佳佳　　出纳：刘峰　　审核：黄鑫　　制单：赵佳佳

领　料　单

领用部门：生产车间　　　　　　　　　　　　　　　　　　　　第 LL20180908 号

用途：行政管理部门耗用　　　　2018 年 09 月 27 日　　　　发料仓库：原材料库

编号	材料名称及规格	单位	数量		单价	金额
			请领	实领		
103	C 材料	公斤	20	20	680.00	13 600.00
合　计			20	20		¥13 600.00

记账联

记账：赵佳佳　　　仓库保管员：吴敏和　　　经办人：李明　　　生产主管：杜子恒

记 账 凭 证

2018 年 9 月 29 日　　　　　　　　　　　　记字第 050 号

摘要	总账科目	明细科目	借方金额										贷方金额										记账
			千	百	十	万	千	百	十	元	角	分	千	百	十	万	千	百	十	元	角	分	
领用 A、B、C 材料	生产成本	甲产品			1	4	9	8	8	0	0	0											
领用 A、B、C 材料	原材料	A 材料														6	5	8	8	0	0	0	
领用 A、B、C 材料	原材料	B 材料														6	3	6	0	0	0	0	
领用 A、B、C 材料	原材料	C 材料														2	0	4	0	0	0	0	
合　计				¥	1	4	9	8	8	0	0	0		¥	1	4	9	8	8	0	0	0	

附凭证 1 张

财务主管：娄旭华　　　记账：赵佳佳　　　出纳：刘峰　　　审核：黄鑫　　　制单：赵佳佳

领　料　单

领用部门：生产车间　　　　　　　　　　　　　　　　　　　　第 LL20180909 号

用途：生产甲产品　　　　2018 年 09 月 29 日　　　　发料仓库：原材料库

编号	材料名称及规格	单位	数量		单价	金额
			请领	实领		
101	A 材料	公斤	30	30	2 196.00	65 880.00
102	B 材料	公斤	20	20	3 180.00	63 600.00
103	C 材料	公斤	30	30	680.00	20 400.00
合　计			80	80		¥149 880.00

记账联

记账：赵佳佳　　　仓库保管员：吴敏和　　　经办人：黄兴望　　　生产主管：杜子恒

明细分类账（乙）

总页		分页	

品名：________ 规格________ 最高存量________ 最低存量________ 计量单位________ 存储地点________

2017年		凭证		摘要	收入											发出											结存										
月	日	字	号		数量	单价	金额									数量	单价	金额									数量	单价	金额								
							百	十	万	千	百	十	元	角	分			百	十	万	千	百	十	元	角	分			百	十	万	千	百	十	元	角	分

明细分类账（乙）

总页		分页	

品名：________ 规格________ 最高存量________ 最低存量________ 计量单位________ 存储地点________

2017年		凭证		摘要	收入											发出											结存										
月	日	字	号		数量	单价	金额									数量	单价	金额									数量	单价	金额								
							百	十	万	千	百	十	元	角	分			百	十	万	千	百	十	元	角	分			百	十	万	千	百	十	元	角	分

明细分类账（乙）

总页		分页	

品名：________ 规格________ 最高存量________ 最低存量________ 计量单位________ 存储地点________

2017年		凭证		摘要	收入											发出											结存										
月	日	字	号		数量	单价	金额									数量	单价	金额									数量	单价	金额								
							百	十	万	千	百	十	元	角	分			百	十	万	千	百	十	元	角	分			百	十	万	千	百	十	元	角	分

明细分类账（乙）

总页		分页	

品名：________ 规格________ 最高存量________ 最低存量________ 计量单位________ 存储地点________

2017年		凭证		摘要	收入											发出											结存										
月	日	字	号		数量	单价	金额									数量	单价	金额									数量	单价	金额								
							百	十	万	千	百	十	元	角	分			百	十	万	千	百	十	元	角	分			百	十	万	千	百	十	元	角	分

项目六

多栏式明细账的登记

一、实验目的

通过实验，使学生了解并掌握登记多栏式明细账的具体方法。

（一）多栏式明细账的设置及适用范围

多栏式明细账的账页格式，是在账簿的借方或贷方根据账目的明细内容，设置多个栏目，分为借方多栏、贷方多栏和借贷方多栏三种，一般不设置反映对应科目的栏次。由会计人员根据审核无误的记账凭证，按经济业务发生的时间先后顺序逐日、逐笔进行登记。

多栏式明细账适用于那些借方或贷方或者借贷方同时需要设置多个明细科目或项目的收入、成本、费用类明细账，如“营业收入”“生产成本”“营业成本”“管理费用”等账户所属的明细分类账。

（二）多栏式明细账的具体登记方法

1. 日期栏：登记记账凭证的日期。
2. 凭证栏：登记入账的凭证的种类和编号。
3. 摘要栏：简要说明登记入账的经济业务的内容。
4. 借方、贷方及余额栏：登记经济业务涉及的明细账户增减变动金额。
5. 账页的页次：登记总页次和分页次。

二、实验要求

1. 要求学生根据给定的第一部分项目二山西四美实业有限公司 2018 年 10 月的原始凭证编制的记账凭证逐笔登记多栏式明细账，具体包括：“制造费用”“管理费用”“销售费用”等（在另外的实验账簿中进行）。

2. 要求学生根据给定的山西信科机械有限公司 2018 年 9 月涉及制造费用的记账凭证逐笔登记“制造费用”明细账。

三、相关会计凭证

山西信科机械有限公司 2018 年 9 月涉及制造费用的记账凭证如下：

记 账 凭 证

2018 年 9 月 6 日　　　　记字第 010 号

摘要	总账科目	明细科目	借方金额										贷方金额										记账
			千	百	十	万	千	百	十	元	角	分	千	百	十	万	千	百	十	元	角	分	
电费	制造费用	电费					2	4	0	0	0	0											
电费	管理费用	电费					2	4	0	0	0	0											
电费	应交税费	应交增值税（进）						7	6	8	0	0											
电费	银行存款																5	5	6	8	0	0	
合　计						¥	5	5	6	8	0	0				¥	5	5	6	8	0	0	

附凭证 2 张

财务主管：娄旭华　　记账：赵佳佳　　出纳：刘峰　　审核：黄鑫　　制单：赵佳佳

记 账 凭 证

2018 年 9 月 6 日　　　　记字第 011 号

摘要	总账科目	明细科目	借方金额										贷方金额										记账
			千	百	十	万	千	百	十	元	角	分	千	百	十	万	千	百	十	元	角	分	
水费	制造费用	水费					1	5	8	0	0	0											
水费	应交税费	应交增值税（进）						1	5	8	0	0											
水费	银行存款																1	7	3	8	0	0	
合　计						¥	1	7	3	8	0	0				¥	1	7	3	8	0	0	

附凭证 2 张

财务主管：娄旭华　　记账：赵佳佳　　出纳：刘峰　　审核：黄鑫　　制单：赵佳佳

记 账 凭 证

2018 年 9 月 11 日　　　　记字第 021 号

摘要	总账科目	明细科目	借方金额										贷方金额										记账
			千	百	十	万	千	百	十	元	角	分	千	百	十	万	千	百	十	元	角	分	
胡斌出差报销	制造费用	差旅费					2	8	6	0	0	0											
胡斌出差报销	应交税费	应交增值税（进）							6	0	0	0											
胡斌出差报销	其他应收款																2	0	0	0	0	0	
胡斌出差报销	库存现金																	9	2	0	0	0	
合　计						¥	2	9	2	0	0	0				¥	2	9	2	0	0	0	

附凭证 5 张

财务主管：娄旭华　　记账：赵佳佳　　出纳：刘峰　　审核：黄鑫　　制单：赵佳佳

记 账 凭 证

2018 年 9 月 20 日　　　　记字第 028 号

摘要	总账科目	明细科目	借方金额										贷方金额										记账
			千	百	十	万	千	百	十	元	角	分	千	百	十	万	千	百	十	元	角	分	
领用 C、D 材料	制造费用	材料耗费				1	7	7	4	5	0	0											
领用 C、D 材料	原材料	C 材料														1	0	2	4	5	0	0	
领用 C、D 材料	原材料	D 材料															7	5	0	0	0	0	
合　计					¥	1	7	7	4	5	0	0			¥	1	7	7	4	5	0	0	

附凭证 1 张

财务主管：娄旭华　　记账：赵佳佳　　出纳：刘峰　　审核：黄鑫　　制单：赵佳佳

记 账 凭 证

2018 年 9 月 22 日　　　　记字第 030 号

摘要	总账科目	明细科目	借方金额										贷方金额										记账
			千	百	十	万	千	百	十	元	角	分	千	百	十	万	千	百	十	元	角	分	
车间报销办公费	制造费用	办公费						9	8	0	0	0											
车间报销办公费	应交税费	应交增值税（进）						1	5	6	8	0											
车间报销办公费	银行存款																1	1	3	6	8	0	
合　计						¥	1	1	3	6	8	0				¥	1	1	3	6	8	0	

附凭证 2 张

财务主管：娄旭华　　记账：赵佳佳　　出纳：刘峰　　审核：黄鑫　　制单：赵佳佳

记 账 凭 证

2018 年 9 月 30 日　　　　记字第 041 号

摘要	总账科目	明细科目	借方金额										贷方金额										记账
			千	百	十	万	千	百	十	元	角	分	千	百	十	万	千	百	十	元	角	分	
分配工资	生产成本	甲产品				4	3	0	0	0	0	0											
分配工资	生产成本	乙产品				2	1	0	0	0	0	0											
分配工资	制造费用	工资				1	5	0	0	0	0	0											
分配工资	管理费用	工资				3	1	0	0	0	0	0											
分配工资	应付职工薪酬														1	1	0	0	0	0	0	0	
合　计				¥	1	1	0	0	0	0	0	0		¥	1	1	0	0	0	0	0	0	

附凭证 1 张

财务主管：娄旭华　　记账：赵佳佳　　出纳：刘峰　　审核：黄鑫　　制单：赵佳佳

记账凭证

2018 年 9 月 30 日　　　　记字第 042 号

摘要	总账科目	明细科目	借方金额										贷方金额										记账
			千	百	十	万	千	百	十	元	角	分	千	百	十	万	千	百	十	元	角	分	
计提折旧	制造费用	折旧费				2	3	0	0	0	0	0											
计提折旧	管理费用	折旧费				1	2	4	0	0	0	0											
计提折旧	累计折旧															3	5	4	0	0	0	0	
合　计					¥	3	5	4	0	0	0	0			¥	3	5	4	0	0	0	0	

附凭证 1 张

财务主管：娄旭华　　记账：赵佳佳　　出纳：刘峰　　审核：黄鑫　　制单：赵佳佳

记账凭证

2018 年 9 月 30 日　　　　记字第 0431/2 号

摘要	总账科目	明细科目	借方金额										贷方金额										记账
			千	百	十	万	千	百	十	元	角	分	千	百	十	万	千	百	十	元	角	分	
分配制造费用	生产成本	甲产品				4	4	4	9	5	5	0											
分配制造费用	生产成本	乙产品				1	9	0	6	9	5	0											
分配制造费用	制造费用	材料耗费														1	7	7	4	5	0	0	
分配制造费用	制造费用	工资														1	5	0	0	0	0	0	
分配制造费用	制造费用	折旧费														2	3	0	0	0	0	0	
合　计																							

附凭证同记 1 张

财务主管：娄旭华　　记账：赵佳佳　　出纳：刘峰　　审核：黄鑫　　制单：赵佳佳

记账凭证

2018 年 9 月 30 日　　　　记字第 0432/2 号

摘要	总账科目	明细科目	借方金额										贷方金额										记账
			千	百	十	万	千	百	十	元	角	分	千	百	十	万	千	百	十	元	角	分	
分配制造费用	制造费用	电费															2	4	0	0	0	0	
分配制造费用	制造费用	水费															1	5	8	0	0	0	
分配制造费用	制造费用	差旅费															2	8	6	0	0	0	
分配制造费用	制造费用	办公费																9	8	0	0	0	
合　计					¥	6	3	5	6	5	0	0			¥	6	3	5	6	5	0	0	

附凭证同记 043 1/2 张

财务主管：娄旭华　　记账：赵佳佳　　出纳：刘峰　　审核：黄鑫　　制单：赵佳佳

明细分类账

会计科目名称或编码：

总页　分页

年		凭证		摘要	借方										贷方										借或贷	余额										具体项目									
																																				1（　　）									
月	日	字	号		千	百	十	万	千	百	十	元	角	分	千	百	十	万	千	百	十	元	角	分		千	百	十	万	千	百	十	元	角	分	千	百	十	万	千	百	十	元	角	分

明细分类账

会计科目名称或编码：

总页　分页

年		凭证		摘要	借方										贷方										借或贷	余额										具体项目									
																																				1（　　）									
月	日	字	号		千	百	十	万	千	百	十	元	角	分	千	百	十	万	千	百	十	元	角	分		千	百	十	万	千	百	十	元	角	分	千	百	十	万	千	百	十	元	角	分

明细分类账

会计科目名称或编码：

总页　　分页

具体项目																																																											
2（　　）										3（　　）										4（　　）										5（　　）										6（　　）										7（　　）									
千	百	十	万	千	百	十	元	角	分	千	百	十	万	千	百	十	元	角	分	千	百	十	万	千	百	十	元	角	分	千	百	十	万	千	百	十	元	角	分	千	百	十	万	千	百	十	元	角	分	千	百	十	万	千	百	十	元	角	分

明细分类账

会计科目名称或编码：

总页　　分页

具体项目																																																											
2（　　）										3（　　）										4（　　）										5（　　）										6（　　）										7（　　）									
千	百	十	万	千	百	十	元	角	分	千	百	十	万	千	百	十	元	角	分	千	百	十	万	千	百	十	元	角	分	千	百	十	万	千	百	十	元	角	分	千	百	十	万	千	百	十	元	角	分	千	百	十	万	千	百	十	元	角	分

第三部分　会计报表的编制

会计报表是企业财务报告的主要部分，是企业向外传递会计信息的主要手段，是企业的会计人员根据某一会计期间内的日常会计核算资料定期（例如月、季、年）编制的综合反映企业财务状况、经营成果和现金流量的总结性书面文件。是外部信息使用者获取企业财务信息以做出正确决策的重要依据，也是企业内部加强和改善经营管理的重要依据。

按照我国现行会计制度和《公司法》的规定，企业的会计报表主要包括：资产负债表、损益表、现金流量表、各种附表以及附注说明。在基础会计阶段，需要学生掌握资产负债表和利润表的编制，正确掌握会计报表的编制方法，遵循会计报表的编制要求，提供真实可靠、全面完整的信息，采用的会计方法前后各期应保持一致，做到编报及时，确保给信息使用者提供决策所需的有质量的会计信息。

项目一 资产负债表的编制

一、实验目的

通过实验，使学生掌握资产负债表的结构和编制方法，能独立编制资产负债表。

（一）资产负债表的结构与格式

1. 资产负债表的结构。

资产负债表由表头、表体和表尾等部分组成。表头部分列明报表的名称、编表单位、编制日期和金额计量单位；表体部分反映资产、负债和所有者权益的内容；表尾部分为补充说明，其中表体部分是资产负债表的主体和核心。

2. 资产负债表的格式。

资产负债表的格式主要有报告式和账户式，我国企业的资产负债表采用账户式。

（1）报告式：又称竖式，是上下结构的报表，按写报告的格式垂直排列，先是资产项目，再依次排列负债和所有者权益项目。

（2）账户式：又称横式，是作用结构的报表，按账户左右结构的形式，左边列示资产项目，右边列示负债（上方）和所有者权益（下方）项目。

（二）资产负债表的编制方法

资产负债表设有“年初数”和“期末数”两个金额栏，其编制方法如下。

1. “年初数”：根据上年末资产负债表“期末数”栏内所列数字填列。

2. “期末数”：根据本期总账及明细账的期末余额填列，具体分为以下几种情况。

（1）按照某个总账账户期末余额直接填列，如：“应收股利”“短期借款”“应付职工薪酬”“应交税费”“实收资本”“资本公积”“盈余公积”等。

（2）按照某几个总账账户余额之和填列，如：“货币资金”“存货”。

（3）按照有关总账账户余额与其备抵账户余额之差填列，如：“固定资产”“无形资产”“长期股权投资”等。

（4）按照明细账户余额分析计算填列，如：“应收账款”“预收账款”“应付账款”“预付账款”。

（5）按照总账账户及其明细账户余额分析计算填列，如：“长期借款”应减去一年内到期的长期借款，将一年内到期的长期负债计入“一年内到期的非流动负债”。

二、实验要求

1. 要求学生根据给定的第一部分项目二山西四美实业有限公司 2018 年 10 月份的原始凭证所做的记账凭证填制的总账及明细账余额编制资产负债表。

2. 要求学生根据给定的第二部分项目二山西信科机械有限公司 2018 年 10 月份的记账凭证填制的总账及明细账余额编制资产负债表。

三、资产负债表

资产负债表

会企 01 表

编制单位：　　　　年　月　日　　　　单位：元

资　　产	行次	年初数	期末数	负债及所有者权益	行次	年初数	期末数
流动资产：				流动负债：			
货币资金	1			短期借款	32		
交易性金融资产	2			交易性金融负债	33		
应收票据	3			应付票据	34		
应收账款	4			应付账款	35		
预付款项	5			预收款项	36		
应收利息	6			应付职工薪酬	37		
应收股利	7			应交税费	38		
其他应收款	8			应付利息	39		
存货	9			应付股利	40		
一年内到期的非流动资产	10			其他应付款	41		
其他流动资产	11			一年内到期的非流动负债	42		
流动资产合计	12			其他流动负债	43		
非流动资产：				流动负债合计	44		
可供出售金融资产	13			非流动负债：			
持有至到期投资	14			长期借款	45		
长期应收款	15			应付债券	46		
长期股权投资	16			长期应付款	47		
投资性房地产	17			专项应付款	48		
固定资产	18			预计负债	49		
在建工程	19			递延收益	50		
工程物资	20			递延所得税负债	51		
固定资产清理	21			其他非流动负债	52		
生产性生物资产	22			非流动负债合计	53		
油气资产	23			负债合计	54		
无形资产	24			所有者权益（或股东权益）			
开发支出	25			实收资本（或股本）	55		
商誉	26			资本公积	56		
长期待摊费用	27			减：库存股	57		
递延所得税资产	28			其他综合收益	58		
其他非流动资产	29			盈余公积	59		
非流动资产合计	30			未分配利润	60		
				所有者权益（或股东权益）合计	61		
资产总计	31			负债和所有者权益总计	62		

资 产 负 债 表

会企 01 表

编制单位：　　　　　　　　　　年　月　日　　　　　　　　　　单位：元

资　　产	行次	年初数	期末数	负债及所有者权益	行次	年初数	期末数
流动资产：				流动负债：			
货币资金	1			短期借款	32		
交易性金融资产	2			交易性金融负债	33		
应收票据	3			应付票据	34		
应收账款	4			应付账款	35		
预付款项	5			预收款项	36		
应收利息	6			应付职工薪酬	37		
应收股利	7			应交税费	38		
其他应收款	8			应付利息	39		
存货	9			应付股利	40		
一年内到期的非流动资产	10			其他应付款	41		
其他流动资产	11			一年内到期的非流动负债	42		
流动资产合计	12			其他流动负债	43		
非流动资产：				流动负债合计	44		
可供出售金融资产	13			非流动负债：			
持有至到期投资	14			长期借款	45		
长期应收款	15			应付债券	46		
长期股权投资	16			长期应付款	47		
投资性房地产	17			专项应付款	48		
固定资产	18			预计负债	49		
在建工程	19			递延收益	50		
工程物资	20			递延所得税负债	51		
固定资产清理	21			其他非流动负债	52		
生产性生物资产	22			非流动负债合计	53		
油气资产	23			负债合计	54		
无形资产	24			所有者权益（或股东权益）			
开发支出	25			实收资本（或股本）	55		
商誉	26			资本公积	56		
长期待摊费用	27			减：库存股	57		
递延所得税资产	28			其他综合收益	58		
其他非流动资产	29			盈余公积	59		
非流动资产合计	30			未分配利润	60		
				所有者权益（或股东权益）合计	61		
资产总计	31			负债和所有者权益总计	62		

项目二 利润表的编制

一、实验目的

通过实验，使学生掌握利润表的结构和编制方法，能独立编制利润表。

（一）利润表的结构与格式

1. 利润表的结构。

资产负债表由表头、表体和表尾等部分组成。表头部分列明报表的名称、编表单位、编制日期和金额计量单位；表体部分反映利润的构成情况；表尾部分为补充说明，其中表体部分是利润表的主体和核心。

2. 利润表的格式。

利润表的格式主要有单步式和多步式，我国企业的利润表采用多步式。

（1）单步式：将本期各项收入的合计数减去本期各项成本费用的合计数，直接一次就计算出本期净利润。

（2）多步式：先计算本期营业利润，再计算利润总额，最后计算本期净利润。

（二）利润表的编制方法

利润表设有“本月数”和“本年累计数”两个金额栏，其编制方法如下。

1. “本月数”：根据本期总账账务的发生额填列，具体分为两种情况。

（1）按照某个总账账户发生额直接填列，如：“税金及附加”“管理费用”“销售费用”“财务费用”“营业外收入”“营业外支出”“所得税费用”等。

（2）按照某几个总账账户发生额之和填列，如：“营业收入”“营业成本”。

2. “本年累计数”：根据上月利润表中“本年累计数”加上“本月数”填列。

二、实验要求

1. 要求学生根据给定的第一部分项目二山西四美实业有限公司 2018 年 10 月份的原始凭证所做的记账凭证填制的总账发生额编制利润表。

2. 要求学生根据给定的第二部分项目二山西信科机械有限公司 2018 年 10 月份的记账凭证填制的总账发生额编制利润表。

三、利润表

利润表

会企 02 表

编制单位：　　　　年　月　　　　单位：元

项　　目	本月数	本年累计数
一、营业收入		
减：营业成本		
税金及附加		
销售费用		
管理费用		
财务费用		
资产减值损失		
加：公允价值变动净收益（净损失以“—”号填列）		
投资净收益（净损失以“—”号填列）		
二、营业利润		
加：营业外收入		
减：营业外支出		
三、利润总额		
减：所得税费用		
四、净利润		

利润表

会企 02 表

编制单位：　　　　年　月　　　　单位：元

项　　目	本月数	本年累计数
一、营业收入		
减：营业成本		
税金及附加		
销售费用		
管理费用		
财务费用		
资产减值损失		
加：公允价值变动净收益（净损失以“—”号填列）		
投资净收益（净损失以“—”号填列）		
二、营业利润		
加：营业外收入		
减：营业外支出		
三、利润总额		
减：所得税费用		
四、净利润		

下篇 综合实训

一、实验目的

通过综合实训，使学生能对上篇所涉及的单项实训从整体上有更加全面的认识，能对企业的基本业务进行系统地账务处理，从取得和填制原始凭证并审核开始，到填制记账凭证，再到登记各种账簿，最后编制基本会计报表，加强学生对会计基本理论知识的理解和掌握程度，强化学生进行手工账务处理的能力，进一步加强学生的动手能力。

二、实验要求

要求学生根据给定的山西中信电气有限公司2018年7月份审核无误的原始凭证进行系统的账务处理，包括：

1. 填制相关自制原始凭证。
2. 根据审核无误的原始凭证填制记账凭证。
3. 根据审核无误的记账凭证登记各种账簿。
4. 根据账簿中记录无误的信息编制资产负债表和利润表。

三、企业信息

1. 企业基本信息。

企业名称：山西中信电气有限公司

法定代表人：刘中信

纳税人识别号：31080123456789

地址及电话：山西省晋中市榆次区工业路15号　0354－3996547

开户行及账号：中国建设银行晋华支行 6217000340003456789

2. 相关人员。

财务主管：姚耀明

行政人员：毛敏

会计：实习学生（张自权）

出纳：实习学生（李卫华）

采购主管：王刚

采购员：秦俊辉

销售主管：石甜甜

销售员：胡红红

生产主管：段国标

仓库保管员：宋浩

3. 公司相关信息及采用的会计政策。

山西中信电气有限公司注册资本 400 万元，为增值税一般纳税人，增值税税率为 16%，假定当期取得的增值税专用发票已在取得发票当天全部办妥认证手续，符合抵扣规定的均已抵扣并取得认证清单。城建税税率为 7%，教育费附加税率为 4%，所得税率为 25%。

山西中信电气有限公司存货核算采用实际成本法，采购费用按重量标准进行分配，分配率保留 2 位小数，尾差计入最后一个对象；发出存货采用全月一次加权平均法计价，月末一次结转，发出存货单位成本保留 2 位小数，如有尾差计入发出存货成本。

公司有铁芯车间和油箱车间，分别生产两种产品：铁芯（型号为 T123）和油箱（型号为 Y456）；产品生产原料一次性投入，生产费用采用平均分配法在完工产品与在产品之间进行分配，产品单位成本保留 2 位小数，尾差计入在产品成本；制造费用按工人工资标准进行分配，分配率保留 2 位小数，尾差计入最后一个对象；水电费按车间占 70%、管理部门占 30%进行分配。

4. 会计核算方法。

公司采用的核算方法不做限定，可由实训老师选择采用记账凭证账务处理程序或者科目汇总表账务处理程序（汇总天数 10 或 15 天由实训老师决定），记账凭证也可由实训老师选择采用专用记账凭证或者通用记账凭证。

说明：本部分实训内容所涉及企业及业务均为杜撰，如有雷同纯属巧合。

四、企业的期初数据

（一）总账账户期初余额

山西中信电气有限公司 2018 年 7 月 1 日总账账户期初余额见表 3.1。

表 3.1 2018 年 7 月 1 日总账账户期初余额

科目编码	账户名称	期初余额	科目编码	账户名称	期初余额
1001	库存现金	3 500.00	2001	短期借款	200 000.00
1002	银行存款	320 000.00	2202	应付账款	230 000.00
1122	应收账款	288 000.00	2221	应交税费	70 992.00
1123	预付账款	17 000.00	2241	其他应付款	3 500.00
1403	原材料	925 500.00	2501	长期借款	300 000.00
1405	库存商品	1 055 000.00	4001	实收资本	4 000 000.00
1601	固定资产	2 785 000.00	4002	资本公积	50 000.00
1602	累计折旧	369 360.00	4101	盈余公积	113 620.00
			4104	利润分配	56 528.00
合　计		5 024 640.00	合　计		5 024 640.00

（二）明细分类账户期初余额

山西中信电气有限公司 2018 年 7 月 1 日明细账户期初余额见表 3.2～表 3.5。

表 3.2 2018 年 7 月 1 日应收账款及预付账款账户期初余额

科目编码	总账账户	明细账户	期初余额
1122	应收账款		288 000.00
		中原特种变压器制造有限公司	38 000.00
		北方电气有限公司	70 000.00
		华北变压器有限公司	180 000.00
1123	预付账款		17 000.00
		晋城市永康机电有限公司	17 000.00

表 3.3 2018 年 7 月 1 日应付账款明细账户期初余额

科目编码	总分类账户	明细分类账户	期初余额
2202	应付账款		230 000.00
		山西晋城高庄燃料有限公司	100 000.00
		太原市新型钢材有限公司	80 000.00
		太原市不锈钢有限公司	50 000.00

表 3.4　2018 年 7 月 1 日应交税费明细账户期初余额

科目编码	总分类账户	明细分类账户	期初余额
2221	应交税费		70 992.00
		未交增值税	47 200.00
		应交城建税	3 304.00
		应交教育费附加	1 888.00
		应交所得税	18 600.00

表 3.5　2018 年 7 月 1 日存货明细账户期初余额

科目编码	总账账户	明细账户	期初余额		
			数量	单价	金额
1403	原材料				925 500.00
		A 材料	100	2 000.00	200 000.00
		B 材料	80	3 200.00	256 000.00
		C 材料	100	400.00	40 000.00
		D 材料	90	150.00	13 500.00
		E 材料	130	2 000.00	260 000.00
		F 材料	1200	130.00	156 000.00
1405	库存商品				1 055 000.00
		铁芯 T123	30	13 000.00	390 000.00
		油箱 Y456	35	19 000.00	665 000.00

五、经济业务

1. 7 月 3 日，取得原始凭证 1 张。

借 款 单

2018 年 07 月 03 日

借款部门：销售部			
借款金额：人民币（大写）贰仟元整			¥：2 000.00
借款事由：参加会议预借差旅费		现 金 付 讫	
单位负责人	部门负责人	财务负责人	借款人
刘中信	石甜甜	姚耀明	胡红红

2. 7 月 3 日，取得原始凭证 1 张。

中国建设银行借款凭证

日期：2018年07月03日　　凭证号码：0154980

借款人	山西中信电气有限公司			账　号	6217000340003456789								
贷款金额	人民币（大写）叁佰万元整			千	百	十	万	千	百	十	元	角	分
				¥	3	0	0	0	0	0	0	0	0
用途	生产经营借款	期限	约定还款日期		2019年1月3日								
		6个月	贷款利率	6%（年）	借款合同号码	20180703							
上述贷款已转入借款人的指定账户。 银行盖章		复核 景天	记账 朱胜										

中国建设银行 晋华支行 2018年07月03日

此联作收款人收账通知

3. 7 月 3 日，取得原始凭证 4 张。

请 款 单

2018 年 07 月 03 日

请款部门：采购部	付款方式	转账支票	附票据 2 张
金额：人民币（大写）伍拾伍万肆仟肆佰捌拾元整			¥554 480.00
事由：支付材料采购货款			
单位负责人	部门负责人	财务负责人	请款人
刘中信	王刚	姚耀明	秦俊辉

中国建设银行转账支票存根
支票号码　cbc20186661
科　　目＿＿＿＿＿＿＿＿＿
对方科目＿＿＿＿＿＿＿＿＿
出票日期 2018 年 07 月 03 日
收款人：山西晋城高庄燃料有限公司
金　额：￥554 480.00
用　途：支付货款
备　注：
单位主管：刘中信　会计：张自权

山西省增值税专用发票

发票联

1200087601　　　　No. 01117041

校验码：27609603047839845611　　　　开票日期：2018 年 07 月 03 日

<table>
<tr><td rowspan="5">购货单位</td><td>名　　称：</td><td>山西中信电气有限公司</td><td rowspan="5">密码区</td><td rowspan="5">5%59＃>%&＊962@>%@＊7&＊＃
$＊＃$＊75402@＊79$9&＃$9&$
＊＃$96&<＃>%＃$92@＊7>%&
＊9＊$&<＃>4＃40@%&＊＃$9>
276<5235</td></tr>
<tr><td>纳税人识别号：</td><td>31080123456789</td></tr>
<tr><td>地 址 、电 话：</td><td>山西省榆次区工业路 15 号
0354－3996547</td></tr>
<tr><td>开户行及账号：</td><td>中国建设银行晋华支行
6217000340003456789</td></tr>
</table>

货物或应税劳务名称	规格型号	单位	数量	单价	金额	税率/%	税额
A 材料		吨	200	2 100.00	420 000.00	16%	67 200.00
C 材料		吨	100	420.00	42 000.00	16%	6 720.00
D 材料		吨	100	160.00	16 000.00	16%	2 560.00
合计			400		478 000.00	16%	76 480.00
价税合计（大写）	人民币伍拾伍万肆仟肆佰捌拾元整					（小写）￥：554 480.00	

<table>
<tr><td rowspan="4">销货单位</td><td>名　　称：</td><td>山西晋城高庄燃料有限公司</td><td rowspan="4">备注</td><td rowspan="4">山西省晋城高庄燃料有限公司
31095123456789
发票专用章</td></tr>
<tr><td>纳税人识别号：</td><td>31081123456789</td></tr>
<tr><td>地 址 、电 话：</td><td>高庄文化路 41 号 0356－6165781</td></tr>
<tr><td>开户行及账号：</td><td>中国农业银行高庄支行
662810112131234</td></tr>
</table>

收款人：李洁　　复核：张帆　　开票人：刘叶　　销货单位（章）：

第二联　抵扣联　购货方抵扣凭证

山西省增值税专用发票

发票联

1200087601　　　　　　　　　　　　No. 01117041

校验码：27609603047839845611　　　　开票日期：2018 年 07 月 03 日

购货单位	名　　称：	山西中信电气有限公司	密码区	5％59＃＞％＆＊962@＞％@＊7＆＊＃ ＄＊＃＄＊75402@＊79＄9＆＃＄9＆＄ ＊＃＄96＆＜＃＞％＃＄92@＊7＞％＆ ＊9＊＄＆＜＃＞4＃40@％＆＊＃＄9＞ 276＜5235
	纳税人识别号：	31080123456789		
	地 址 、电 话：	山西省榆次区工业路 15 号 0354－3996547		
	开户行及账号：	中国建设银行晋华支行 6217000340003456789		

货物或应税劳务名称	规格型号	单位	数量	单价	金额	税率/％	税额
A 材料		吨	200	2 100.00	420 000.00	16％	67 200.00
C 材料		吨	100	420.00	42 000.00	16％	6 720.00
D 材料		吨	100	160.00	16 000.00	16％	2 560.00
合计			400		478 000.00	16％	76 480.00
价税合计（大写）	人民币伍拾伍万肆仟肆佰捌拾元整					（小写）¥：554 480.00	

销货单位	名　　称：	山西晋城高庄燃料有限公司	备注	山西省晋城高庄燃料有限公司 31095123456789 发票专用章
	纳税人识别号：	31081123456789		
	地 址 、电 话：	高庄文化路 41 号 0356－6165781		
	开户行及账号：	中国农业银行高庄支行 662810112131234		

收款人：李洁　　　　复核：张帆　　　　开票人：刘叶　　　　销货单位（章）：

第三联　发票联　购货方记账凭证

4．7 月 3 日，取得原始凭证 1 张。

中国建设银行现金支票存根

支票号码　cbc20185551

科　　目____________

对方科目____________

出票日期 2018 年 07 月 03 日

收款人：山西中信电气有限公司
金　额：¥10 000.00
用　途：备用金
备　注：

单位主管：刘中信　会计：张自权

5. 7 月 4 日，取得原始凭证 3 张。

费用报销单

报销部门：行政部　　　　2018 年 07 月 04 日

编号	报销项目	摘要	金额							单据张数	备注
			万	千	百	十	元	角	分		
1	办公用品	复印纸		1	3	9	2	0	0	3	
			¥	1	3	9	2	0	0		
合计	人民币（大写）壹仟叁佰玖拾贰元整		原借金额		0	应补（退）金额					1 392.00

会计主管：姚耀明　　　审核：张胜　　　出纳：李卫华　　　报销人：毛敏

山西省增值税专用发票

发票联

1200087602　　　　No. 01117042

校验码：27609603047839845612　　　　开票日期：2018 年 07 月 04 日

购货单位	名称：	山西中信电气有限公司	密码区	5％59＃＞％＆＊962＠＞％＠＊7＆＊＃＄＊＃＄＊75402＠＊79＄9＆＃＄9＆＄＊＃＄96＆＜＃＞％＃＄92＠＊7＞％＆＊9＊＄＆＜＃＞4＃40＠％＆＊＃＄9＞276＜5236
	纳税人识别号：	31080123456789		
	地址、电话：	山西省榆次区工业路 15 号 0354－3996547		
	开户行及账号：	中国建设银行晋华支行 6217000340003456789		

货物或应税劳务名称	规格型号	单位	数量	单价	金额	税率/％	税额
复印纸	A4	箱	10	120.00	1 200.00	16％	192.00
合计			10	120.00	1 200.00	16％	192.00
价税合计（大写）	人民币壹仟叁佰玖拾贰元整					（小写）¥：1 392.00	

销货单位	名称：	太原市新华文化用品有限公司	备注	
	纳税人识别号：	31082123456789		
	地址、电话：	建设南路 276 号 0351－6165782		
	开户行及账号：	中国农业银行建南支行 662810212131234		

现金付讫

太原市新华文化用品有限公司 140102100254332 发票专用章

收款人：王华　　　复核：刘敏　　　开票人：吴锐　　　销货单位（章）：

第三联　发票联　购货方记账凭证

山西省增值税专用发票

发票联

1200087602　　　　　　　　　　　　　　　　　　No. 01117042

校验码：27609603047839845612　　　　　　　　开票日期：2018年07月04日

购货单位	名　　称：	山西中信电气有限公司	密码区	5％59＃＞％＆＊962＠＞％＠＊7＆＊＃ ＄＊＃＄＊75402＠＊79＄9＆＃＄9＆＄ ＊＃＄96＆＜＃＞％＃＄92＠＊7＞％＆ ＊9＊＄＆＜＃＞4＃40＠％＆＊＃＄9＞ 276＜5236
	纳税人识别号：	31080123456789		
	地 址 、电 话：	山西省榆次区工业路15号 0354－3996547		
	开户行及账号：	中国建设银行晋华支行 6217000340003456789		

货物或应税劳务名称	规格型号	单位	数量	单价	金额	税率/%	税额
复印纸	A4	箱	10	120.00	1 200.00	16%	192.00
合计			10	120.00	1 200.00	16%	192.00
价税合计（大写）	人民币壹仟叁佰玖拾贰元整					（小写）￥：	1 392.00

销货单位	名　　称：	太原市新华文化用品有限公司	备注	太原市新华文化用品有限公司 140102100254332 发票专用章
	纳税人识别号：	31082123456789		
	地 址 、电 话：	建设南路276号0351－6165782		
	开户行及账号：	中国农业银行建南支行 662810212131234		

收款人：王华　　　　复核：刘敏　　　　开票人：吴锐　　　　销货单位（章）：

第二联 抵扣联 购货方抵扣凭证

6. 7月6日，取得原始凭证4张（出差补助150/天）。

差旅费报销单

部门：销售部　　　　　　　　2018年07月06日

出差人			胡红红					出差事由		参加会议		
出发地			到达地			出差补贴		交通工具	交通费	其他		
月	日	地点	月	日	地点	天数	金额			项目	单据张数	金额
1	3	太原	1	3	济南	4	600.00	飞机	920.00	住宿费	1	540.00
1	6	济南	1	6	太原					市内车费		
合计：人民币（大写）贰仟零陆拾元整											小写：￥2 060. 00	
备注												

附单据3张

主管：姚耀明　　　　审核：石甜甜　　　　出纳：李卫华　　　　报销人：胡红红

航空运输电子客票行程单

印刷序号：2018070428

顾客姓名 胡红红			有效身份证件号码 140401198304163456				签注： 不得退改签		
	承运人	航班号	座位等级	日期	时间	客票级别/客票级别	客票生效日期	有效截止日期	免费行李
自 FROM 济南 至 TO　太原	东航	MU332	Z	2018-07-03	13：00	Z	现金付讫		20K
	票价 ¥320.00		机场建设费 ¥50.00		燃油附加费 ¥ 0.00		其他税费	合计 ¥450.00	
电子客票号码：201701234567 9								保险费	
销售单位代号：SHD2018			填开单位：太原航空服务有限公司				填开日期：2018-07-03		

付款凭证　手写无效

航空运输电子客票行程单

印刷序号：2018070428

顾客姓名 胡红红			有效身份证件号码 140401198304163456				签注： 不得退改签		
	承运人	航班号	座位等级	日期	时间	客票级别/客票级别	客票生效日期	有效截止日期	免费行李
自 FROM 济南 至 TO　太原	东航	MU332	Z	2018-07-06	10：00	Z	现金付讫		20K
	票价 ¥340.00		机场建设费 ¥50.00		燃油附加费 ¥80.00		其他税费	合计 ¥470.00	
电子客票号码：20170123456789								保险费	
销售单位代号：SHD2018			填开单位：济南航空服务有限公司				填开日期：2018-07-06		

付款凭证　手写无效

山西省增值税专用发票

发票联

1200087603　　　　　　　　　　　　　　　　No. 01117043

校验码：27609603047839845613　　　　　　　　开票日期：2018 年 07 月 06 日

<table>
<tr><td rowspan="4">购货单位</td><td>名　　称：</td><td colspan="3">山西中信电气有限公司</td><td rowspan="4">密码区</td><td colspan="3" rowspan="4">5%59＃＞%&＊962@＞%@＊7&＊＃
$＊＃$＊75402@＊79$9&＃$9&$
＊＃$96&＜＃＞%＃$92@＊7＞%&
＊9＊$&＜＃＞4＃40@%&＊＃$9＞
276＜5237</td></tr>
<tr><td>纳税人识别号：</td><td colspan="3">31080123456789</td></tr>
<tr><td>地址、电话：</td><td colspan="3">山西省榆次区工业路 15 号
0354－3996547</td></tr>
<tr><td>开户行及账号：</td><td colspan="3">中国建设银行晋华支行
6217000340003456789</td></tr>
<tr><td colspan="2">货物或应税劳务名称</td><td>规格型号</td><td>单位</td><td>数量</td><td>单价</td><td>金额</td><td>税率/%</td><td>税额</td></tr>
<tr><td colspan="2">住宿费</td><td></td><td></td><td>1</td><td>509.43</td><td>509.43</td><td>6%</td><td>30.57</td></tr>
<tr><td colspan="2"></td><td></td><td></td><td></td><td colspan="4">现金付讫</td></tr>
<tr><td colspan="2"></td><td></td><td></td><td></td><td></td><td></td><td></td><td></td></tr>
<tr><td colspan="2">合计</td><td></td><td></td><td>1</td><td>509.43</td><td>509.43</td><td>6%</td><td>30.57</td></tr>
<tr><td colspan="2">价税合计（大写）</td><td colspan="5">人民币伍佰肆拾元整</td><td colspan="2">（小写）￥：540.00</td></tr>
<tr><td rowspan="4">销货单位</td><td>名　　称：</td><td colspan="3">山东济南假日酒店管理有限公司</td><td rowspan="4">备注</td><td colspan="3" rowspan="4">山东济南假日酒店管理有限公司
31083123456789
发票专用章</td></tr>
<tr><td>纳税人识别号：</td><td colspan="3">31083123456789</td></tr>
<tr><td>地址、电话：</td><td colspan="3">人民东路 187 号 0531－6165783</td></tr>
<tr><td>开户行及账号：</td><td colspan="3">工商银行开发区支行
622210312131234</td></tr>
</table>

收款人：刘玲玲　　　　收款人：王华　　　　收款人：吴小风　　　　销货单位（章）：

第二联　发票联　购货方记账凭证

7. 7 月 6 日，取得原始凭证 3 张。

材 料 入 库 单

供应单位：太原市新型钢材有限公司　　　　　　　　　　第 SL20180701 号

发票号码：01117044　　　　　2018 年 07 月 06 日　　　　　收料仓库：原材料库

<table>
<tr><td rowspan="2">编号</td><td rowspan="2">材料名称及规格</td><td rowspan="2">单位</td><td colspan="2">数量</td><td colspan="4">实际价格</td></tr>
<tr><td>应收</td><td>实收</td><td>单价</td><td>发票金额</td><td>运杂费</td><td>合计</td></tr>
<tr><td>102</td><td>B 材料</td><td>吨</td><td>50</td><td>50</td><td>3 180.00</td><td>159 000.00</td><td></td><td>159 000.00</td></tr>
<tr><td>103</td><td>F 材料</td><td>套</td><td>500</td><td>500</td><td>145.00</td><td>72 500.00</td><td></td><td>72 500.00</td></tr>
<tr><td></td><td></td><td></td><td></td><td></td><td></td><td></td><td></td><td></td></tr>
<tr><td></td><td></td><td></td><td></td><td></td><td></td><td></td><td></td><td></td></tr>
<tr><td colspan="8">合　计</td><td>￥231 500.00</td></tr>
</table>

记账联

记账：张自权　　　　仓库保管员：宋浩　　　　采购业务员：秦俊辉　　　　采购主管：王刚

山西省增值税专用发票

发票联

1200087604　　　　No. 01117044

校验码：27609603047839845614　　　　开票日期：2018 年 07 月 06 日

购货单位	名　　称：	山西中信电气有限公司	密码区	5％59＃＞％＆＊962＠＞％＠＊7＆＊＃ ＄＊＃＄＊75402＠＊79＄9＆＃＄9＆＄ ＊＃＄96＆＜＃＞％＃＄92＠＊7＞％＆ ＊9＊＄＆＜＃＞4＃40＠％＆＊＃＄9＞ 276＜5237
	纳税人识别号：	31080123456789		
	地 址 、电 话：	山西省榆次区工业路 15 号 0354－3996547		
	开户行及账号：	中国建设银行晋华支行 6217000340003456789		

货物或应税劳务名称	规格型号	单位	数量	单价	金额	税率/%	税额
B 材料		吨	50	3 180.00	159 000.00	16%	25 440.00
F 材料		套	500	145.00	72 500.00	16%	11 600.00
合计			550		231 500.00	16%	37 040.00
价税合计（大写）	人民币贰拾陆万捌仟伍佰肆拾元整					（小写）￥：	268 540.00

销货单位	名　　称：	太原市新型钢材有限公司	备注	
	纳税人识别号：	31084123456789		
	地 址 、电 话：	新华路 79 号 0351－6165784		
	开户行及账号：	太原市农业银行桥西支行 662810412131234		

收款人：李华为　　复核：张立　　开票人：吴俊芳　　销货单位（章）：

第二联　抵扣联　购货方抵扣凭证

山西省增值税专用发票

发票联

1200087604　　　　No. 01117044

校验码：27609603047839845614　　　　开票日期：2018 年 07 月 06 日

购货单位	名　　称：	山西中信电气有限公司	密码区	5％59＃＞％＆＊962＠＞％＠＊7＆＊＃ ＄＊＃＄＊75402＠＊79＄9＆＃＄9＆＄ ＊＃＄96＆＜＃＞％＃＄92＠＊7＞％＆ ＊9＊＄＆＜＃＞4＃40＠％＆＊＃＄9＞ 276＜5238
	纳税人识别号：	31080123456789		
	地 址 、电 话：	山西省榆次区工业路 15 号 0354－3996547		
	开户行及账号：	中国建设银行晋华支行 6217000340003456789		

货物或应税劳务名称	规格型号	单位	数量	单价	金额	税率/%	税额
B 材料		吨	50	3 180.00	159 000.00	16%	25 440.00
F 材料		套	500	145.00	72 500.00	16%	11 600.00
合计					231 500.00	16%	37 040.00
价税合计（大写）	人民币贰拾陆万捌仟伍佰肆拾元整					（小写）￥：	268 540.00

销货单位	名　　称：	太原市新型钢材有限公司	备注	
	纳税人识别号：	31084123456789		
	地 址 、电 话：	新华路 79 号 0351－6165784		
	开户行及账号：	太原市农业银行桥西支行 662810412131234		

收款人：李华为　　复核：张立　　开票人：吴俊芳　　销货单位（章）：

第三联　发票联　购货方记账凭证

8. 7 月 7 日，取得原始凭证 2 张，要求自制运费分配表。

请　款　单

2018 年 07 月 07 日

<table>
<tr><td>请款部门：采购部</td><td>付款方式</td><td>现金</td><td colspan="2">附票据 1 张</td></tr>
<tr><td colspan="4">金额：人民币（大写）壹仟柒佰陆拾元整</td><td>¥：1 760.00</td></tr>
<tr><td colspan="5">事由：支付 7 月 3 日采购材料的运费</td></tr>
<tr><td>单位负责人</td><td>部门负责人</td><td colspan="2">财务负责人</td><td>请款人</td></tr>
<tr><td>刘中信</td><td>王刚</td><td colspan="2">姚耀明</td><td>秦俊辉</td></tr>
</table>

货物运输业增值税专用发票

发票联

No. 010201801

开票日期：2018 年 07 月 07 日

<table>
<tr><td>承运人及
纳税人识别号</td><td>山西全运通运输有限公司
3108512345678</td><td rowspan="2">密码区</td><td colspan="3" rowspan="2">5%59＃＞%&＊962@＞%@＊7&＊＃＄＊
＃＄＊75402@＊79＄9&＃＄9&＃＞4＃40
@%&＊＃＄9＞27</td></tr>
<tr><td>实际受票方及
纳税人识别号</td><td>山东中信电气有限公司
31081123456789</td></tr>
<tr><td>收货人及
纳税人识别号</td><td>山西中信电气有限公司
31080123456789</td><td colspan="2">发货人及
纳税识别号</td><td colspan="2">山西晋城高庄燃料有限公司
31081123456789</td></tr>
<tr><td>起运地、经由、到达地</td><td colspan="5">晋城到晋中</td></tr>
<tr><td>费用项目及金额</td><td colspan="2">费用项目　　金额
运费　　1 600.00
现金付讫</td><td>运输货物信息</td><td colspan="2">A 材料　200 吨
C 材料　100 吨
D 材料　100 吨</td></tr>
<tr><td>合计金额</td><td>¥1 600.00</td><td>税率　10%</td><td>税额　¥160.00</td><td>机器编号</td><td>2015012343</td></tr>
<tr><td>价税合计（大写）</td><td colspan="3">人民币壹仟柒佰陆拾元整</td><td colspan="2">（小写）¥：1 760.00</td></tr>
<tr><td>车牌号码</td><td>　</td><td>车船吨位</td><td>　</td><td rowspan="2">备注</td><td rowspan="2">山西全运通运输有限公司
3108512345678
发票专用章</td></tr>
<tr><td>主管税务机关
及代码</td><td colspan="3">山西省晋城市地方税务局山阳区征收管理局
36010411223344</td></tr>
</table>

收款人：郭华　　复核人：柳柳　　开票人：张敏敏　　承运人（章）

运费分配表

时间		费用总额	
材料名称	分配标准（重量）	分配率	分配金额
合　计			

财务主管：　　　　　　　　　　　　　　　　制单：

9．7 月 10 日，取得原始凭证 2 张。

请　款　单

2018 年 07 月 10 日

请款部门：采购部	付款方式	电汇	附票据＿0＿张
金额：人民币（大写）贰拾陆万捌仟伍佰肆拾元整			¥：268 540.00
事由：支付 7 月 6 日采购材料的货款			
单位负责人	部门负责人	财务负责人	请款人
刘中信	王刚	姚耀明	秦俊辉

中国建设银行　电汇凭证（回单）　　1

□普通　　□加急　　　　委托日期：2018 年 07 月 10 日　　　　No. 17012346

付款人	全　称	山西中信电气有限公司	收款人	全　称	太原市新型钢材有限公司
	账　号	6217000340003456789		账　号	662810412131234
	汇出地点	山西省晋中市		汇入地点	山西省太原市
汇出行名称		中国建设银行晋华支行	汇入行名称		中国农业银行桥西支行

金额	亿	千	百	十	万	千	百	十	元	角	分
人民币（大写）贰拾陆万捌仟伍佰肆拾元整			¥	2	6	8	5	4	0	0	0

汇出行签章	支付密码
中国建设银行 晋华支行 2018年07月10日	附加信息及用途：支付货款 复核 景天　　记账 朱胜

此联是汇款人开户行给汇款人的回单

10. 7 月 10 日，取得原始凭证 3 张。

费 用 报 销 单

报销部门：行政部　　　　　　　　　　2018 年 07 月 10 日

编号	报销项目	摘要	金额							单据张数	备注
			万	千	百	十	元	角	分		
1	招待费	餐费			4	8	0	0	0	2	
合计	人民币（大写）肆佰捌拾元整			¥	4	8	0	0	0		
原借金额		0	应补（退）金额							480.00	

会计主管：姚耀明　　　审核：刘中信　　　出纳：李卫华　　　报销人：毛敏

山西省增值税专用发票
发票联

1200087605　　　　　　　　　　No. 01117045

校验码：27609603047839845615　　　　开票日期：2018 年 07 月 10 日

购货单位	名　　称：	山西中信电气有限公司	密码区	5%59#>%&*962@>%@*7&*# $*#$*75402@*79$9&#$9&$ *#$96&<#>%#$92@*7>%& *9*$&<#>4#40@%&*#$9> 276<5239
	纳税人识别号：	31080123456789		
	地 址 、电 话：	山西省榆次区工业路 15 号 0354－3996547		
	开户行及账号：	中国建设银行晋华支行 6217000340003456789		

货物或应税劳务名称	规格型号	单位	数量	单价	金额	税率/%	税额
餐费			1	452.83	452.83	6%	27.17
合计			1	452.83	452.83	6%	27.17
价税合计（大写）	人民币肆佰捌拾元整					（小写）¥：480.00	

销货单位	名　　称：	晋中市美味人家餐饮有限公司	备注	
	纳税人识别号：	31086123456789		
	地 址 、电 话：	经纬路 64 号 0354－6165786		
	开户行及账号：	工商银行开发区支行 622210612131234		

收款人：刘婷　　　复核：王华　　　开票人：赵昕　　　销货单位（章）：

第二联　抵扣联　购货方抵扣凭证

山西省增值税专用发票
发票联

1200087605　　　　　　　　　　　　　　　　　　　　No. 01117045

校验码：27609603047839845615　　　　　　　　开票日期：2018 年 07 月 10 日

购货单位	名称：山西中信电气有限公司			密码区	5％59＃＞％＆＊962@＞％@＊7＆＊＃$＊＃$＊75402@＊79$9＆＃$9＆$＊＃$96＆＜＃＞％＃$92@＊7＞％＆＊9＊$＆＜＃＞4＃40@％＆＊＃$9＞276＜5239		
	纳税人识别号：31080123456789						
	地址、电话：山西省榆次区工业路 15 号 0354－3996547						
	开户行及账号：中国建设银行晋华支行 6217000340003456789						
货物或应税劳务名称	规格型号	单位	数量	单价	金额	税率/%	税额
餐费			1	452.83	452.83	6%	27.17
合计			1	452.83	452.83	6%	27.17
价税合计（大写）	人民币肆佰捌拾元整					（小写）￥：480.00	
销货单位	名称：晋中市美味人家餐饮有限公司			备注			
	纳税人识别号：31086123456789						
	地址、电话：经纬路 64 号 0354－6165786						
	开户行及账号：工商银行开发区支行 622210612131234						

现金付讫

晋中市美味人家餐饮有限公司 31086123456789 发票专用章

收款人：刘婷　　　复核：王华　　　开票人：赵昕　　　销货单位（章）：

第三联　发票联　购货方记账凭证

11. 7 月 11 日，取得原始凭证 1 张。

材料入库单

供应单位：山西晋城高庄燃料有限公司　　　　　　　　第 SL20180702 号

发票号码：01117041　　　　2018 年 07 月 11 日　　　　收料仓库：原材料库

编号	材料名称及规格	单位	数量		实际价格			
			应收	实收	单价	发票金额	运杂费	合计
101	A 材料	吨	200	200	2 100.00	420 000.00	800.00	420 800.00
103	C 材料	吨	100	100	420.00	42 000.00	400.00	42 400.00
104	D 材料	吨	100	100	160.00	16 000.00	400.00	16 400.00
合　计								￥479 600.00

记账联

记账：张自权　　　仓库保管员：宋浩　　　采购业务员：秦俊辉　　　采购主管：王刚

12. 7 月 11 日，取得原始凭证 3 张，要求自制电费分配表。

托 收 凭 证（付款通知）

委托日期2018年07月11日

付款期限　　年　月　日

业务类型	委托收款（√）　邮划（　）　电划（　）　托收承付（　）		
付款人 全　称	山西中信电气有限公司	收款人 全　称	晋中市电力公司
账　号	6217000340003456789	账　号	6222107123131234
地　址	山西省晋中市	地　址	山西省晋中市
开户行	中国建设银行晋华支行	开户行	中国工商银行晋中支行
金额 人民币（大写）	叁仟肆佰捌拾元整	亿千百十万千百十元角分	¥ 3 4 8 0 0 0
款项内容	电费	托收凭证名称	电费专用发票
附寄单证张数	2		
商品发运情况		合同名称号码	

备注：
付款人开户银行收到日期
2018年7月11日

复核 景天　记账 朱胜

中国建设银行
晋华支行
2018年07月11日

付款人开户银行签章
2018年7月11日

付款人注意：
1. 根据支付结算方法，上列委托收款（托收承付）款项在付款期限内未提出拒付，即为同意付款通知。
2. 如需提出全部或部分拒付，应在规定期限内，将拒付理由书并附债务证明退交开户银行。

此联是付款人开户行给付款人按期付款通知

山西省增值税专用发票

发票联

1200087606　　No. 01117046

校验码：27609603047839845616　　开票日期：2018 年 07 月 11 日

购货单位		密码区
名　　称：	山西中信电气有限公司	5%59＃＞%&＊962@＞%@＊7&＊＃$＊＃$＊75402@＊79$9&＃$9&$＊＃$96&＜＃＞%＃$92@＊7＞%&＊9＊$&＜＃＞4＃40@%&＊＃$9＞276＜5240
纳税人识别号：	31080123456789	
地 址 、电 话：	山西省榆次区工业路 15 号 0354－3996547	
开户行及账号：	中国建设银行晋华支行 6217000340003456789	

货物或应税劳务名称	规格型号	单位	数量	单价	金额	税率/%	税额
电费		度	6 000	0.50	3 000.00	16%	480.00
合计			6 000	0.50	3 000.00	16%	480.00
价税合计（大写）	人民币叁仟肆佰捌拾元整					（小写）¥：	3 480.00

销货单位		备注
名　　称：	晋中市电力公司	
纳税人识别号：	31087123456789	
地 址 、电 话：	通顺街 91 号 0354－6165787	
开户行及账号：	中国工商银行晋中支行 6222107123131234	

收款人：赵建　　收款人：舒华　　收款人：高振华　　销货单位（章）：

晋中市电力公司 31087123456789 发票专用章

第二联　抵扣联　购货方抵扣凭证

山西省增值税专用发票

发票联

1200087606　　　　　　　　　　　　　　　　No. 01117046

校验码：27609603047839845616　　　　　　　　开票日期：2018 年 07 月 11 日

购货单位			密码区
	名　　称：	山西中信电气有限公司	5％59＃＞％&＊962@＞％@＊7&＊＃$＊＃$＊75402@＊79$9&＃$9&$＊＃$96&＜＃＞％＃$92@＊7＞％&＊9＊$&＜＃＞4＃40@％&＊＃$9＞276＜5240
	纳税人识别号：	31080123456789	
	地 址 、电 话：	山西省榆次区工业路 15 号 0354－3996547	
	开户行及账号：	中国建设银行晋华支行 6217000340003456789	

货物或应税劳务名称	规格型号	单位	数量	单价	金额	税率/%	税额
电费		度	6 000	0.50	3 000.00	16%	480.00
合计			6 000	0.50	3 000.00	16%	480.00
价税合计（大写）	人民币叁仟肆佰捌拾元整					（小写）¥：	3 480.00

销货单位			备注
	名　　称：	晋中市电力公司	
	纳税人识别号：	31087123456789	
	地 址 、电 话：	通顺街 91 号 0354－6165787	
	开户行及账号：	中国工商银行晋中支行 6222107123131234	

收款人：赵建　　　　收款人：舒华　　　　收款人：高振华　　　　销货单位（章）：

第三联　发票联　购货方记账凭证

（　　）分配表

所属期间		费用总额	
使用部门	分配标准	分配率	分配金额
合计			

财务主管：　　　　　　　　　　　　制单：

13. 7月11日，取得原始凭证3张，要求自制水费分配表。

托收凭证（付款通知）

委托日期2018年07月11日

付款期限　　年　月　日

<table>
<tr><td colspan="2">业务类型</td><td colspan="5">委托收款（√）　邮划（　）　电划（　）　托收承付（　）</td></tr>
<tr><td rowspan="4">付款人</td><td>全　称</td><td>山西中信电气有限公司</td><td rowspan="4">收款人</td><td>全　称</td><td colspan="2">晋中市自来水公司</td></tr>
<tr><td>账　号</td><td>6217000340003456789</td><td>账　号</td><td colspan="2">6222108123131234</td></tr>
<tr><td>地　址</td><td>山西省晋中市</td><td>地　址</td><td colspan="2">山西省晋中市</td></tr>
<tr><td>开户行</td><td>中国建设银行晋华支行</td><td>开户行</td><td colspan="2">中国工商银行晋中支行</td></tr>
<tr><td>金额</td><td>人民币（大写）</td><td colspan="3">贰仟柒佰伍拾元整</td><td colspan="2">亿 千 百 十 万 千 百 十 元 角 分
　　　　　　¥ 2 7 5 0 0 0</td></tr>
<tr><td colspan="2">款项内容</td><td>水费</td><td>托收凭证名称</td><td>水费专用发票</td><td>附寄单证张数</td><td>2</td></tr>
<tr><td colspan="2">商品发运情况</td><td></td><td>合同名称号码</td><td colspan="3"></td></tr>
<tr><td colspan="3">备注：
付款人开户银行收到日期
2018年7月11日
复核 景天　记账 朱胜</td><td colspan="2">中国建设银行晋华支行 2018年07月11日
付款人开户银行签章
2018年7月11日</td><td colspan="2">付款人注意：
1. 根据支付结算方法，上列委托收款（托收承付）款项在付款期限内未提出拒付，即为同意付款通知。
2. 如需提出全部或部分拒付，应在规定期限内，将拒付理由书并附债务证明退交开户银行。</td></tr>
</table>

此联是付款人开户行给付款人按期付款通知

山西省增值税专用发票

发票联

1200087607　　　　No. 01117047

校验码：27609603047839845617　　　　开票日期：2018年07月11日

<table>
<tr><td rowspan="4">购货单位</td><td>名　　称：</td><td colspan="3">山西中信电气有限公司</td><td rowspan="4">密码区</td><td colspan="3" rowspan="4">5%59#>%&*962@>%@*7&*#
$*#$*75402@*79$9&#$9&$
*#$96&<#>%#$92@*7>%&
9$&<#>4#40@%&*#$9>
276<5241</td></tr>
<tr><td>纳税人识别号：</td><td colspan="3">31080123456789</td></tr>
<tr><td>地址、电话：</td><td colspan="3">山西省榆次区工业路15号 0354－3996547</td></tr>
<tr><td>开户行及账号：</td><td colspan="3">中国建设银行晋华支行 6217000340003456789</td></tr>
<tr><td colspan="2">货物或应税劳务名称</td><td>规格型号</td><td>单位</td><td>数量</td><td>单价</td><td>金额</td><td>税率/%</td><td>税额</td></tr>
<tr><td colspan="2">自来水</td><td></td><td>立方米</td><td>1 000</td><td>2.50</td><td>2 500.00</td><td>10%</td><td>250.00</td></tr>
<tr><td colspan="2">合计</td><td></td><td></td><td>1 000</td><td>2.50</td><td>2 500.00</td><td>10%</td><td>250.00</td></tr>
<tr><td colspan="2">价税合计（大写）</td><td colspan="5">人民币贰仟柒佰伍拾元整</td><td colspan="2">（小写）¥：2 750.00</td></tr>
<tr><td rowspan="4">销货单位</td><td>名　　称：</td><td colspan="3">晋中市自来水公司</td><td rowspan="4">备注</td><td colspan="3" rowspan="4">晋中市自来水公司
31088123456789
发票专用章</td></tr>
<tr><td>纳税人识别号：</td><td colspan="3">31088123456789</td></tr>
<tr><td>地址、电话：</td><td colspan="3">通顺街63号 0354－6165788</td></tr>
<tr><td>开户行及账号：</td><td colspan="3">中国工商银行晋中支行 6222108123131234</td></tr>
</table>

收款人：赵建国　　收款人：舒华斌　　收款人：王振华　　销货单位（章）：

第二联　抵扣联　购货方抵扣凭证

山西省增值税专用发票

发票联

1200087607　　　　　　　　No. 01117047

校验码：27609603047839845617　　　　开票日期：2018 年 07 月 11 日

购货单位	名　　称：	山西中信电气有限公司	密码区	5％59＃＞％＆＊962＠＞％＠＊7＆＊＃＄＊＃＄＊75402＠＊79＄9＆＃＄9＆＄＊＃＄96＆＜＃＞％＃＄92＠＊7＞％＆＊9＊＄＆＜＃＞4＃40＠％＆＊＃＄9＞276＜5241
	纳税人识别号：	31080123456789		
	地址、电话：	山西省榆次区工业路 15 号 0354－3996547		
	开户行及账号：	中国建设银行晋华支行 6217000340003456789		

货物或应税劳务名称	规格型号	单位	数量	单价	金额	税率/%	税额
自来水		立方米	1 000	2.50	2 500.00	10%	250.00
合计			1 000	2.50	2 500.00	10%	250.00
价税合计（大写）	人民币贰仟柒佰伍拾元整					（小写）￥：2 750.00	

销货单位	名　　称：	晋中市自来水公司	备注	晋中市自来水公司 31088123456789 发票专用章
	纳税人识别号：	31088123456789		
	地址、电话：	通顺街 63 号 0354－6165788		
	开户行及账号：	中国工商银行晋中支行 6222108123131234		

收款人：赵建国　　　收款人：舒华斌　　　收款人：王振华　　　销货单位（章）：

第三联　发票联　购货方记账凭证

（　　）分配表

所属期间		费用总额	
使用部门	分配标准	分配率	分配金额
合　计			

财务主管：　　　　　　　　制单：

14. 7 月 12 日，取得原始凭证 3 张。

中国建设银行客户专用回单

转账日期：2018 年 07 月 12 日

凭证字号：20180709321314415

纳税人全称及纳税人识别号：山西中信电气有限公司 31080123456789		
付款人全称：山西中信电气有限公司		
付款人账号：6217000340003456789		征收机关名称：晋中市榆次区国家税务局
付款人开户银行：中国建设银行晋华支行		收缴国库（银行）名称：国家金库晋中市榆次区支行
小写（合计）金额：47 200.00		缴款书交易流水号：2018070966874892
大写（合计）金额：肆万柒仟贰佰元		税票号码：397565422568
税（费）种名称	所属时期	实缴金额
增值税	20180601－20180630	47 200.00

中国工商银行
电子回单
专用章

中国建设银行客户专用回单

转账日期：2018 年 07 月 12 日

凭证字号：20180709321314478

纳税人全称及纳税人识别号：山西中信电气有限公司 31080123456789		
付款人全称：山西中信电气有限公司		
付款人账号：6217000340003456789		征收机关名称：晋中市榆次区国家税务局
付款人开户银行：中国建设银行晋华支行		收缴国库（银行）名称：国家金库晋中市榆次区支行
小写（合计）金额：5 192.00		缴款书交易流水号：2018070966875134
大写（合计）金额：肆万柒仟贰佰元		税票号码：397565422571
税（费）种名称	所属时期	实缴金额
城市维护建设税	20180601－20180630	3 304.00
教育费附加	20180601－20180630	1 888.00

中国工商银行
电子回单
专用章

中国建设银行客户专用回单

转账日期：2018 年 07 月 12 日

凭证字号：20180709321314512

纳税人全称及纳税人识别号：山西中信电气有限公司 31080123456789	
付款人全称：山西中信电气有限公司	
付款人账号：6217000340003456789	征收机关名称：晋中市榆次区国家税务局
付款人开户银行：中国建设银行晋华支行	收缴国库（银行）名称：国家金库晋中市榆次区支行
小写（合计）金额：18 600.00	缴款书交易流水号：2018070966875212
大写（合计）金额：肆万柒仟贰佰元	税票号码：397565422590
税（费）种名称　　所属时期	实缴金额
企业所得税　　20180601－20180630	18 600.00

中国工商银行 电子回单专用章

15. 7 月 13 日，取得原始凭证 1 张。

中国建设银行电汇凭证（收账通知）

委托日期　2018 年 07 月 13 日

汇款人	全称	中原特种变压器制造有限公司	付款人	全称	山西中信电气有限公司
	账号	621710912131234		账号	6217000340003456789
	汇出地点	山西省运城市		汇入地点	山西省晋中市
汇出行名称		运城市建设银行桥东支行	汇入行名称		晋中市建设银行晋华支行

金额	（大写）人民币：叁万捌仟元整	千	百	十	万	千	百	十	元	角	分
				¥	3	8	0	0	0	0	0

款项已收入收款人账户 中国建设银行 晋华支行 2018年07月13日 汇入行签章	支付密码 附加信息及用途：前欠贷款 复核 景天　记账 朱胜

16. 7 月 13 日，取得原始凭证 4 张。

中国建设银行　进账单（收账通知）

2018 年 07 月 13 日

出票人	全　称	华北变压器有限公司	收款人	全　称	山西中信电气有限公司
	账　号	622211012131234		账　号	62170003400C3456789
	开户银行	中国工商银行山前支行		开户银行	中国建设银行晋华支行

金额	人民币（大写）肆拾陆万肆仟元整	千	百	十	万	千	百	十	元	角	分
			¥	4	6	4	0	0	0	0	0

票据种类	支票张数	票据张数	1	
票据号码				
复核 景天　　记账 朱胜				开户银行签章

中国建设银行
晋华支行
2018年07月13日

此联给收款人的收款通知

销售出库单

客户名称：华北变压器有限公司　　2018 年 07 月 13 日　　第 SX20180701 号

订单号：20180701　　发货仓库：成品库

编号	产品名称及型号	单位	数量	单价	金额
201	铁芯 T123	台	20	20 000.00	400 000.00
合　计					¥400 000.00

记账：张自权　　审核：石甜甜　　提货：范磊　　制单：胡红红

第三联　财务

产品出库单

客户名称：华北变压器有限公司　　　　2018 年 07 月 13 日　　　　第 CK20180701 号

销售单号：SX20180701　　　　发货仓库：成品库

编号	产品名称及型号	单位	数量	单价	金额
201	铁芯 T123	台	20		
合　计					

记账：张自权　　　　审核：段国标　　　　提货：范磊　　　　仓库保管员：宋浩

第二联　财务

山西省增值税专用发票

发票联

1200087608　　　　No. 01117048

校验码：27609603047839845618　　　　开票日期：2018 年 07 月 13 日

购货单位			
名　称：	华北变压器有限公司	密码区	5%59#＞%&＊962@＞%@＊7&＊#$＊#$＊75402@＊79$9&#$9&$＊#$96&＜#＞%#$92@＊7＞%&＊9＊$&＜#＞4#40@%&＊#$9＞276＜5242
纳税人识别号：	31090123456789		
地 址、电 话：	开封市山前路 45 号 0371－6165790		
开户行及账号：	中国工商银行山前支行 622211012131234		

货物或应税劳务名称	规格型号	单位	数量	单价	金额	税率/%	税额
铁芯	T123	台	20	20 000.00	400 000.00	16%	64 000.00
合计			20	20 000.00	400 000.00	16%	64 000.00
价税合计（大写）	人民币肆拾陆万肆仟元整					（小写）¥：464 000.00	

销货单位			
名　称：	山西中信电气有限公司	备注	
纳税人识别号：	31080123456789		
地 址、电 话：	山西省榆次区工业路 15 号 0354－3996547		
开户行及账号：	中国建设银行晋华支行 6217000340003456789		

收款人：张自权　　　　复核：姚耀明　　　　开票人：李卫华　　　　销货单位：（章）

第一联　记账联　销货方记账凭证

17. 7 月 14 日，取得原始凭证 5 张。

请 款 单

2018 年 07 月 14 日

请款部门：采购部	付款方式	电汇	附票据 2 张
金额：人民币（大写）陆仟贰佰元整			¥：6 200.00
事由：支付材料采购货款预付不足部分			
单位负责人	部门负责人	财务负责人	请款人
刘中信	王刚	姚耀明	秦俊辉

山西省增值税专用发票

发票联

1200087609　　　　No. 01117049

校验码：27609603047839845619　　　　开票日期：2018 年 07 月 14 日

购货单位	名称：	山西中信电气有限公司	密码区	5%59#>%&*962@>%@*7&*#$*#$*75402@*79$9&#$9&$*#$96&<#>%#$92@*7>%&*9*$&<#>4#40@%&*#$9>276<5243
	纳税人识别号：	31080123456789		
	地址、电话：	山西省榆次区工业路 15 号 0354－3996547		
	开户行及账号：	中国建设银行晋华支行 6217000340003456789		

货物或应税劳务名称	规格型号	单位	数量	单价	金额	税率/%	税额
E 材料		台	10	2 000.00	20 000.00	16%	3 200.00
合计					20 000.00	16%	3 200.00
价税合计（大写）	人民币贰万叁仟贰佰元整					（小写）¥：	23 200.00

销货单位	名称：	晋城市永康机电有限公司	备注	
	纳税人识别号：	31091123456789		
	地址、电话：	华康北路 129 号 0356－6165791		
	开户行及账号：	中国建设银行永安支行 621711112131234		

收款人：文峰　　复核：蔺相华　　开票人：武志清　　销货单位（章）

第二联　抵扣联　购货方抵扣凭证

山西省增值税专用发票

发票联

1200087609　　　　　　　　No. 01117049

校验码：27609603047839845619　　　　　　开票日期：2018 年 07 月 14 日

购货单位		密码区
名　　称：	山西中信电气有限公司	5%59#>%&*962@>%@*7&*# $*#$*75402@*79$9&#$9&$ *#$96&<#>%#$92@*7>%& *9*$&<#>4#40@%&*#$9> 276<5243
纳税人识别号：	31080123456789	
地 址 、电 话：	山西省榆次区工业路 15 号 0354－3996547	
开户行及账号：	中国建设银行晋华支行 6217000340003456789	

货物或应税劳务名称	规格型号	单位	数量	单价	金额	税率/%	税额
E 材料		台	10	2 000.00	20 000.00	16%	3 200.00
合计					20 000.00	16%	3 200.00
价税合计（大写）	人民币贰万叁仟贰佰元整					（小写）¥：	23 200.00

销货单位		备注
名　　称：	晋城市永康机电有限公司	
纳税人识别号：	31091123456789	
地 址 、电 话：	华康北路 129 号 0356－6165791	
开户行及账号：	中国建设银行永安支行 621711112131234	

收款人：文峰　　　复核：蔺相华　　　开票人：武志清　　　销货单位（章）

第三联　发票联　购货方记账凭证

材 料 入 库 单

供应单位：晋城市永康机电有限公司　　　　　　第 SL20180703 号

发票号码：01117041　　　　2018 年 07 月 14 日　　　　收料仓库：原材料库

编号	材料名称及规格	单位	数量		实际价格			
			应收	实收	单价	发票金额	运杂费	合计
105	E 材料	台	10	10	2 000.00	20 000.00		20 000.00
合　计								¥20 000.00

记账联

记账：张自权　　　仓库保管员：宋浩　　　采购业务员：秦俊辉　　　采购主管：王刚

中国建设银行 电汇凭证（回单） 1

☐普通 ☐加急　　委托日期：2018 年 07 月 14 日　　No. 17012347

汇款人	全称	山西中信电气有限公司	收款人	全称	晋城市永康机电有限公司
	账号	6217000340003456789		账号	621711112131234
	汇出地点	山西省晋中市		汇入地点	山西晋城市
汇出行名称		中国建设银行晋华支行	汇入行名称		中国建设银行永安支行

金额	人民币（大写）陆千贰佰元整	亿	千	百	十	万	千	百	十	元	角	分
						¥	6	2	0	0	0	0

汇出行签章	支付密码	
中国建设银行 晋华支行 2018年07月14日	附加信息及用途：支付货款预付不足部分 复核 景天　　记账 朱胜	

此联给收款人的收款通知

18. 7 月 17 日，取得原始凭证。

请 款 单

2018 年 07 月 14 日

请款部门：行政部	付款方式	电汇	附票据 3 张
金额：人民币（大写）叁拾肆万捌仟元整			¥：348 000.00
事由：购买奥迪轿车款			
单位负责人	部门负责人	财务负责人	请款人
刘中信	刘中信	姚耀明	毛敏

固定资产验收单

年 月 日　　第 ZC20180901 号

固定资产名称		型号	计量单位	数量	供货单位			
奥迪汽车		A6	台	1	山西大昌汽车贸易有限公司			
总价	设备费	安装费	运杂费	包装费	其他	合计	预计年限	净残值率
	300 000.00					300 000.00	7	4%
验收意见		合格	验收人签章	毛敏	保管使用人签章		刘中信	

山西省增值税专用发票

发票联

1200087610　　　　　　　　No. 01117050

校验码：27609603047839845620　　　　开票日期：2018 年 07 月 17 日

购货单位			密码区	
	名　称：	山西中信电气有限公司		5%59＃＞%&＊962@＞%@＊7&＊＃ $＊＃$＊75402@＊79$9&＃$9&$ ＊＃$96&＜＃＞%＃$92@＊7＞%& ＊9＊$&＜＃＞4＃40@%&＊＃$9＞ 276＜5244
	纳税人识别号：	31080123456789		
	地址、电话：	山西省榆次区工业路 15 号 0354－3996547		
	开户行及账号：	中国建设银行晋华支行 6217000340003456789		

货物或应税劳务名称	规格型号	单位	数量	单价	金额	税率/%	税额
汽车	奥迪 A6	台	1	300 000.00	300 000.00	16%	48 000.00
合计			1	300 000.00	300 000.00	16%	48 000.00
价税合计（大写）	人民币叁拾肆万捌仟元整					（小写）¥：348 000.00	

销货单位			备注
	名　称：	山西大昌汽车贸易有限公司	
	纳税人识别号：	31092123456789	
	地址、电话：	晋榆路 34 号 0351－6165792	
	开户行及账号：	中国农业银行平阳支行 662811212131234	

收款人：胡洁　　复核：方琳　　开票人：顾佳佳　　销货单位：（章）

第二联　抵扣联　购货方抵扣凭证

山西省增值税专用发票

发票联

1200087610　　　　　　　　No. 01117050

校验码：27609603047839845620　　　　开票日期：2018 年 07 月 17 日

购货单位			密码区	
	名　称：	山西中信电气有限公司		5%59＃＞%&＊952@＞%@＊7&＊＃ $＊＃$＊75402@＊79$9&＃$9&$ ＊＃$96&＜＃＞%＃$92@＊7＞%& ＊9＊$&＜＃＞4＃40@%&＊＃$9＞ 276＜5244
	纳税人识别号：	31080123456789		
	地址、电话：	山西省榆次区工业路 15 号 0354－3996547		
	开户行及账号：	中国建设银行晋华支行 6217000340003456789		

货物或应税劳务名称	规格型号	单位	数量	单价	金额	税率/%	税额
汽车	奥迪 A6	台	1	300 000.00	300 000.00	16%	48 000.00
合计			1	300 000.00	300 000.00	16%	48 000.00
价税合计（大写）	人民币叁拾肆万捌仟元整					（小写）¥：348 000.00	

销货单位			备注
	名　称：	山西大昌汽车贸易有限公司	
	纳税人识别号：	31092123456789	
	地址、电话：	晋榆路 34 号 0351－6165792	
	开户行及账号：	中国农业银行平阳支行 662811212131234	

收款人：胡洁　　复核：方琳　　开票人：顾佳佳　　销货单位：（章）

第三联　发票联　购货方记账凭证

中国建设银行　电汇凭证（回单）　1

□普通　□加急　　委托日期：2018 年 07 月 17 日　　No. 17012347

汇款人	全　称	山西中信电气有限公司	收款人	全　称	山西大昌汽车贸易有限公司
	账　号	6217000340003456789		账　号	662811212131234
	汇出地点	山西省晋中市		汇入地点	山西太原市
汇出行名称		中国建设银行晋华支行	汇入行名称		中国农业银行平阳支行

金额	人民币（大写）叁拾肆万捌仟元整	亿	千	百	十	万	千	百	十	元	角	分
				¥	3	4	8	0	0	0	0	0

汇出行签章	支付密码	
中国建设银行晋华支行 2018年07月14日	附加信息及用途：支付购车款 复核 景天　　记账 朱胜	

此联给收款人的收款通知

19. 7 月 17 日，取得原始凭证 4 张。

中国建设银行　进账单　（收账通知）

2018 年 07 月 17 日

出票人	全　称	北方电气有限公司	付款人	全　称	山西中信电气有限公司
	账　号	622211312131234		账　号	6217000340003456789
	开户银行	中国工商银行人民路支行		开户银行	中国建设银行晋华支行

金额	人民币（大写）伍拾伍万陆仟捌佰元整	千	百	十	万	千	百	十	元	角	分
			¥	5	5	6	8	0	0	0	0

票据种类	转账支票	票据张数	1	开户银行签章
票据号码				中国建设银行晋华支行 2018年07月17日
复核 景天　　记账 朱胜				

此联给收款人的收款通知

山西省增值税专用发票

发票联

1200087611　　　　No. 01117051

校验码：27609603047839845621　　　　开票日期：2018 年 07 月 17 日

购货单位		密码区
名　　称：	北方电气有限公司	5%59＃＞%&＊962@＞%@＊7&＊＃$＊＃$＊75402@＊79$9&＃$9&$＊＃$96&＜＃＞%＃$92@＊7＞%&＊9＊$&＜＃＞4＃40@%&＊＃$9＞276＜5245
纳税人识别号：	31093123456789	
地 址 、电 话：	郑州市人民南路 48 号 0371－6165793	
开户行及账号：	中国工商银行人民路支行 622211312131234	

货物或应税劳务名称	规格型号	单位	数量	单价	金额	税率/%	税额
油箱	Y456	台	20	24 000.00	480 000.00	16%	76 800.00
合计			20	24 000.00	480 000.00	16%	76 800.00
价税合计（大写）	人民币伍拾伍万陆仟捌佰元整					（小写）¥：556 800.00	

销货单位		备注
名　　称：	山西中信电气有限公司	山西中信电气有限公司 31080123456789 发票专用章
纳税人识别号：	31080123456789	
地 址 、电 话：	山西省榆次区工业路 15 号 0354－3996547	
开户行及账号：	中国建设银行晋华支行 6217000340003456789	

收款人：张自权　　复核：姚耀明　　开票人：李卫华　　销货单位：（章）

第一联 记账联 销货方记账凭证

销售出库单

客户名称：北方电气有限公司　　2018 年 07 月 17 日　　第 SX20180702 号

订单号：20180702　　发货仓库：成品库

编号	产品名称及型号	单位	数量	单价	金额
202	油箱 Y456	台	20	24 000.00	480 000.00
合　计			20		¥480 000.00

记账：张自权　　审核：石甜甜　　提货：范磊　　制单：胡红红

第三联 财务

产 品 出 库 单

客户名称：北方电气有限公司　　2018 年 07 月 17 日　　第 CK20180702 号

销售单号：SX20180702　　发货仓库：成品库

编号	产品名称及型号	单位	数量	单价	金额
202	油箱 Y456	台	20		
合　计			20		

记账：张自权　　审核：段国标　　提货：范磊　　仓库保管员：宋浩

第二联　财务

20. 7 月 18 日，取得原始凭证 4 张。

中国建设银行　进账单　（收账通知）

2018 年 07 月 17 日

出票人	全　称	太原钢铁有限公司	付款人	全　称	山西中信电气有限公司
	账　号	622211412131234		账　号	6217000340003456789
	开户银行	中国工商银行北大街支行		开户银行	中国建设银行晋华支行

金额	人民币（大写）壹拾壹万壹仟叁佰陆拾元整	千	百	十	万	千	百	十	元	角	分
			¥	1	1	1	3	6	0	0	0

票据种类	转账支票	票据张数	1
票据号码			

复核 景天　　记账 朱胜

开户银行签章

中国建设银行
晋华支行
2018年07月18日

此联给收款人的收款通知

销售出库单

客户名称：太原钢铁有限公司　　2018 年 07 月 18 日　　第 SX20180703 号

订单号：20180703　　发货仓库：原材料库

编号	产品名称及型号	单位	数量	单价	金额
101	A 材料	吨	40	2 400.00	96 000.00
合　计					¥96 000.00

记账：张自权　　审核：石甜甜　　提货：范磊　　制单：胡红红

第三联　财务

材 料 出 库 单

领料部门：太原钢铁有限公司　　2018 年 07 月 18 日　　第 CK20180711 号

用　　途：销售　　发货仓库：原材料库

编号	产品名称及型号	单位	数量	单价	金额
101	A 材料	吨	40		
合　计			40		

第二联　销售

记账：张自权　　审核：段国标　　提货：范磊　　仓库保管员：宋浩

山西省增值税专用发票

发票联

全国统一发票监制章

1200087612　　No. 01117052

校验码：27609603047839845622　　开票日期：2018 年 07 月 18 日

购货单位	名　称：	太原钢铁有限公司	密码区	5%59#>%&*962@>%@*7&*# $*#$*75402@*79$9&#$9&$ *#$96&<#>%#$92@*7>%& *9*$&<#>4#40@%&*#$9> 276<5246
	纳税人识别号：	31094123456789		
	地 址 、电 话：	太原市北大街 92 号 0351－6165794		
	开户行及账号：	中国工商银行北大街支行 622211412131234		

货物或应税劳务名称	规格型号	单位	数量	单价	金额	税率/%	税额
A 材料		吨	40	2 400.00	96 000.00	16%	15 360.00
合计			40	2 400.00	96 000.00	16%	15 360.00
价税合计（大写）	人民币壹拾壹万壹仟叁佰陆拾元整					（小写）¥：111 360.00	

销货单位	名　称：	山西中信电气有限公司	备注	山西中信电气有限公司 31080123456789 发票专用章
	纳税人识别号：	31080123456789		
	地 址 、电 话：	山西省榆次区工业路 15 号 0354－3996547		
	开户行及账号：	中国建设银行晋华支行 6217000340003456789		

第一联　记账联　销货方记账凭证

收款人：张自权　　复核：姚耀明　　开票人：李卫华　　销货单位：（章）

21. 7 月 18 日，取得原始凭证 3 张。

费用报销单

报销部门：生产车间　　　　2018 年 07 月 18 日　　　　第 20180904 号

<table>
<tr><th rowspan="2">编号</th><th rowspan="2">报销项目</th><th rowspan="2">摘要</th><th colspan="7">金额</th><th rowspan="2">单据张数</th><th rowspan="2">备注</th></tr>
<tr><th>万</th><th>千</th><th>百</th><th>十</th><th>元</th><th>角</th><th>分</th></tr>
<tr><td>1</td><td>培训</td><td>培训费</td><td></td><td>1</td><td>2</td><td>7</td><td>2</td><td>0</td><td>0</td><td>2</td><td></td></tr>
<tr><td></td><td></td><td></td><td></td><td></td><td></td><td></td><td></td><td></td><td></td><td></td><td></td></tr>
<tr><td></td><td></td><td></td><td></td><td></td><td></td><td></td><td></td><td></td><td></td><td></td><td></td></tr>
<tr><td></td><td></td><td></td><td></td><td></td><td></td><td></td><td></td><td></td><td></td><td></td><td></td></tr>
<tr><td></td><td></td><td></td><td></td><td></td><td></td><td></td><td></td><td></td><td></td><td></td><td></td></tr>
<tr><td></td><td></td><td></td><td></td><td></td><td></td><td></td><td></td><td></td><td></td><td></td><td></td></tr>
<tr><td>合计</td><td colspan="2">人民币（大写）壹仟贰佰柒拾贰元整</td><td>¥</td><td>1</td><td>2</td><td>7</td><td>2</td><td>0</td><td>0</td><td></td><td></td></tr>
<tr><td colspan="2">原借金额</td><td>0</td><td colspan="7">应补（退）金额</td><td colspan="2">1 272.00</td></tr>
</table>

会计主管：姚耀明　　　　复核：张胜　　　　出纳：李卫华　　　　报销人：李冬青

山西省增值税专用发票

发票联

1200087613　　　　No. 01117053

校验码：27609603047839845623　　　　开票日期：2018 年 07 月 18 日

<table>
<tr><td rowspan="4">购货单位</td><td>名　　称：</td><td colspan="3">山西中信电气有限公司</td><td rowspan="4">密码区</td><td colspan="4" rowspan="4">5%59#>%&*962@>%@*7&*#
$*#$*75402@*79$9&#$9&$
*#$96&<#>%#$92@*7>%&
9$&<#>4#40@%&*#$9>
276<5247</td></tr>
<tr><td>纳税人识别号：</td><td colspan="3">31080123456789</td></tr>
<tr><td>地 址 、电 话：</td><td colspan="3">山西省榆次区工业路 15 号 0354—3996547</td></tr>
<tr><td>开户行及账号：</td><td colspan="3">中国建设银行晋华支行
6217000340003456789</td></tr>
<tr><td colspan="2">货物或应税劳务名称</td><td>规格型号</td><td>单位</td><td>数量</td><td colspan="2">单价</td><td>金额</td><td>税率/%</td><td>税额</td></tr>
<tr><td colspan="2">培训费</td><td></td><td></td><td>2</td><td colspan="2">600.00</td><td>1 200.00</td><td>6%</td><td>72.00</td></tr>
<tr><td colspan="2"></td><td></td><td></td><td></td><td colspan="2"></td><td></td><td></td><td></td></tr>
<tr><td colspan="2">合计</td><td></td><td></td><td>2</td><td colspan="2">600.00</td><td>1 200.00</td><td>6%</td><td>72.00</td></tr>
<tr><td colspan="2"></td><td></td><td></td><td></td><td colspan="2"></td><td></td><td></td><td></td></tr>
<tr><td colspan="2">价税合计（大写）</td><td colspan="6">人民币壹仟贰佰柒拾贰元整</td><td colspan="2">（小写）¥：1 272.00</td></tr>
<tr><td rowspan="4">销货单位</td><td>名　　称：</td><td colspan="3">山西高级技术培训有限公司</td><td rowspan="4">备注</td><td colspan="4" rowspan="4">山西高级技术培训有限公司
31095123456789
发票专用章</td></tr>
<tr><td>纳税人识别号：</td><td colspan="3">31095123456789</td></tr>
<tr><td>地 址 、电 话：</td><td colspan="3">高新区金阳路 102 号 0351—6165795</td></tr>
<tr><td>开户行及账号：</td><td colspan="3">中国农业银行高新支行
662811512131234</td></tr>
</table>

第二联　抵扣联　购货方抵扣凭证

收款人：郑超　　　　复核：翁帆　　　　开票人：李国华　　　　销货单位：（章）

山西省增值税专用发票

发票联

1200087613　　　　　　　　　　　　No. 01117053

校验码：27609603047839845623　　　　开票日期：2018 年 07 月 18 日

购货单位	名称：	山西中信电气有限公司			密码区	5%59#>%&*962@>%@*7&*# $*#$*75402@*79$9&#$9&$ *#$96&<#>%#$92@*7>%& *9*$&<#>4#40@%&*#$9> 276<5247	
	纳税人识别号：	31080123456789					
	地址、电话：	山西省榆次区工业路 15 号 0354—3996547					
	开户行及账号：	中国建设银行晋华支行 6217000340003456789					
货物或应税劳务名称	规格型号	单位	数量	单价	金额	税率/%	税额
培训费			2	600.00	1 200.00	6%	72.00
合计			2	600.00	1 200.00	6%	72.00
价税合计（大写）	人民币壹仟贰佰柒拾贰元整					（小写）¥：1 272.00	
销货单位	名称：	山西高级技术培训有限公司			备注		
	纳税人识别号：	31095123456789					
	地址、电话：	高新区金阳路 102 号 0351—6165795					
	开户行及账号：	中国农业银行高新支行 662811512131234					

现金付讫

山西高级技术培训有限公司 31095123456789 发票专用章

第三联　发票联　购货方记账凭证

收款人：郑超　　　复核：翁帆　　　开票人：李国华　　　销货单位：（章）

22. 7 月 19 日，取得原始凭证 3 张。

费用报销单

报销部门：销售部　　　2018 年 07 月 19 日　　　第 20180904 号

编号	报销项目	摘要	金额							单据张数	备注
			万	千	百	十	元	角	分		
1	招待费	餐费			8	4	8	0	0	2	
合计	人民币（大写）捌佰肆拾捌元整			¥	8	4	8	0	0		
原借金额		0	应补/（退）金额							848.00	

会计主管：姚耀明　　　复核：石甜甜　　　出纳：李卫华　　　报销人：胡红红

山西省增值税专用发票

发票联

1200087614　　　　No. 01117054

校验码：27609603047839845624　　　　开票日期：2018 年 07 月 19 日

购货单位		密码区	
名　　称：	山西中信电气有限公司		5%59#＞%&*962@＞%@*7&*#$*#$*75402@*79$9&#$9&$*#$96&＜#＞%#$92@*7＞%&*9*$&＜#＞4#40@%&*#$9＞276＜5248
纳税人识别号：	31080123456789		
地 址 、电 话：	山西省榆次区工业路 15 号 0354－3996547		
开户行及账号：	中国建设银行晋华支行 6217000340003456789		

货物或应税劳务名称	规格型号	单位	数量	单价	金额	税率/%	税额
餐费			1	800.00	800.00	6%	48.00
合计			1	800.00	800.00	6%	48.00
价税合计（大写）	人民币捌佰肆拾捌元整					（小写）￥：848.00	

销货单位		备注	
名　　称：	晋中市美味人家餐饮有限公司		
纳税人识别号：	31086123456789		
地 址 、电 话：	经纬路 64 号 0354－6165786		
开户行及账号：	工商银行开发区支行 622210612131234		

收款人：刘婷　　复核：王华　　开票人：赵昕　　销货单位：（章）

第二联 抵扣联 购货方抵扣凭证

山西省增值税专用发票

发票联

1200087614　　　　No. 01117054

校验码：27609603047839845624　　　　开票日期：2018 年 07 月 19 日

购货单位		密码区	
名　　称：	山西中信电气有限公司		5%59#＞%&*962@＞%@*7&*#$*#$*75402@*79$9&#$9&$*#$96&＜#＞%#$92@*7＞%&*9*$&＜#＞4#40@%&*#$9＞276＜5248
纳税人识别号：	31080123456789		
地 址 、电 话：	山西省榆次区工业路 15 号 0354－3996547		
开户行及账号：	中国建设银行晋华支行 6217000340003456789		

货物或应税劳务名称	规格型号	单位	数量	单价	金额	税率/%	税额
餐费			1	800.00	800.00	6%	48.00
合计			1	800.00	800.00	6%	48.00
价税合计（大写）	人民币捌佰肆拾捌元整					（小写）￥：848.00	

现金付讫

销货单位		备注	
名　　称：	晋中市美味人家餐饮有限公司		
纳税人识别号：	31086123456789		
地 址 、电 话：	经纬路 64 号 0354－6165786		
开户行及账号：	工商银行开发区支行 622210612131234		

收款人：刘婷　　复核：王华　　开票人：赵昕　　销货单位：（章）

第三联 发票联 购货方记账凭证

23. 7 月 19 日，取得原始凭证 1 张。

中国建设银行现金支票存根

支票号码　cbc20185552

科　　目＿＿＿＿＿＿＿＿＿＿

对方科目＿＿＿＿＿＿＿＿＿＿

出票日期 2018 年 07 月 19 日

收款人：山西中信电气有限公司
金　额：￥10 000.00
用　途：备用金
备　注：

单位主管：刘中信　会计：张自权

24. 7 月 20 日，取得原始凭证 2 张。

中国建设银行现金支票存根

支票号码　cbc20185553

科　　目＿＿＿＿＿＿＿＿＿＿

对方科目＿＿＿＿＿＿＿＿＿＿

出票日期 2018 年 07 月 19 日

收款人：山西中信电气有限公司
金　额：￥89 900.00
用　途：发放工资
备　注：

单位主管：刘中信　会计：张自权

山西中信机械有限公司 2018 年 7 月工资明细表

序号	部门	姓名	职位	基本工资	岗位工资	绩效工资	全勤奖	应发工资
1	行政部	刘中信	总经理	2 500.00	1 200.00	1 000.00	100.00	4 800.00
2	行政部	毛敏	职员	1 000.00	800.00	600.00	50.00	2 450.00
3	采购部	王刚	主管	2 000.00	1 000.00	800.00	100.00	3 900.00
4	采购部	秦俊辉	职员	1 000.00	800.00	600.00	50.00	2 450.00
5	采购部	宋浩	仓管	1 200.00	800.00	600.00	50.00	2 650.00
6	财务部	姚耀明	主管	2 000.00	1 000.00	800.00	100.00	3 900.00
7	财务部	张自权	会计	1 500.00	1 000.00	600.00	50.00	3 150.00
8	财务部	李卫华	出纳	1 000.00	800.00	600.00	50.00	2 450.00
9	销售部	石甜甜	主管	2 000.00	1 000.00	800.00	100.00	3 900.00
10	销售部	胡红红	职员	1 000.00	800.00	600.00	50.00	2 450.00
11	生产部	段国标	主管	2 000.00	1 000.00	800.00	100.00	3 900.00
12	铁芯车间	朱浩	职员	1 000.00	800.00	600.00	50.00	2 450.00
13	铁芯车间	马英	职员	1 000.00	800.00	600.00	50.00	2 450.00
14	铁芯车间	李冬青	职员	1 000.00	800.00	600.00	50.00	2 450.00
15	铁芯车间	王丽华	职员	1 000.00	800.00	600.00	50.00	2 450.00
16	铁芯车间	赵志国	职员	1 000.00	800.00	600.00	50.00	2 450.00
17	铁芯车间	王森林	职员	1 000.00	800.00	600.00	50.00	2 450.00
18	铁芯车间	刘柱国	职员	1 000.00	800.00	600.00	50.00	2 450.00
19	铁芯车间	窦智斌	职员	1 000.00	800.00	600.00	50.00	2 450.00
20	油箱车间	刘申花	职员	1 000.00	800.00	600.00	50.00	2 450.00
21	油箱车间	邢志朋	职员	1 000.00	800.00	600.00	50.00	2 450.00
22	油箱车间	祁俊生	职员	1 000.00	800.00	600.00	50.00	2 450.00
23	油箱车间	郝浩	职员	1 000.00	800.00	600.00	50.00	2 450.00
24	油箱车间	白建华	职员	1 000.00	800.00	600.00	50.00	2 450.00
25	油箱车间	黄佳	职员	1 000.00	800.00	600.00	50.00	2 450.00
26	油箱车间	朱建斌	职员	1 000.00	800.00	600.00	50.00	2 450.00
27	油箱车间	杜锋	职员	1 000.00	800.00	600.00	50.00	2 450.00
28	油箱车间	谭骥	职员	1 000.00	800.00	600.00	50.00	2 450.00
29	油箱车间	申科	职员	1 000.00	800.00	600.00	50.00	2 450.00
30	油箱车间	周其武	职员	1 000.00	800.00	600.00	50.00	2 450.00
31	油箱车间	张虎	职员	1 000.00	800.00	600.00	50.00	2 450.00
32	油箱车间	刘成	职员	1 000.00	800.00	600.00	50.00	2 450.00
33	油箱车间	罗明	职员	1 000.00	800.00	600.00	50.00	2 450.00
合　计				39 200.00	27 800.00	21 100.00	1 900.00	89 900.00

现金付讫

25. 7 月 20 日，要求根据上一业务中的工资明细表自制工资分配表。

工资费用分配表

年　月　日

应借科目		应付职工薪酬
总账科目	明细科目	
生产成本	铁芯	
	油箱	
	小计	
制造费用		
销售费用		
管理费用		
合计		

财务主管：　　　　　　　　　　　　　　制表：

26. 7 月 21 日，取得原始凭证 3 张。

费 用 报 销 单

报销部门：生产车间　　　　　　2018 年 07 月 21 日

编号	报销项目	摘要	金额							单据张数	备注
			万	千	百	十	元	角	分		
1	车间用品	排气扇		1	5	4	2	8	0	2	
			¥	1	5	4	2	8	0		
合计	人民币（大写）壹仟伍佰肆拾贰元捌角整		原借金额			0	应补（退）金额				1 542.80

会计主管：姚耀明　　　　复核：段国标　　　　出纳：李卫华　　　　报销人：李冬青

山西省增值税专用发票
发票联

1200087615　　　　　　　　　　　　　　　　No. 01117055

校验码：27609603047839845625　　　　　　开票日期：2018 年 07 月 21 日

购货单位	名　称：	山西中信电气有限公司			密码区	5%59#>%&*962@>%@*7&*# $*#$*75402@*79$9&#$9&$ *#$96&<#>%#$92@*7>%& *9*$&<#>4#40@%&*#$9> 276<5249		
	纳税人识别号：	31080123456789						
	地 址 、电 话：	山西省榆次区工业路 15 号 0354－3996547						
	开户行及账号：	中国建设银行晋华支行 6217000340003456789						
货物或应税劳务名称	规格型号	单位	数量	单价	金额	税率/%	税额	
排气扇		件	5	266.00	1 330.00	16%	212.80	
合计			5	266.00	1 330.00	16%	212.80	
价税合计（大写）	人民币壹仟伍佰肆拾贰元捌角整					（小写）¥：1 542.80		
销货单位	名　称：	太原市新华文化用品有限公司			备注			
	纳税人识别号：	31082123456789						
	地 址 、电 话：	建设南路 276 号 0351－6165782						
	开户行及账号：	中国农业银行建南支行 662810212131234						

现金付讫

太原市新华文化用品有限公司 140102100254332 发票专用章

收款人：王华　　复核：刘敏　　开票人：吴锐　　销货单位（章）

第三联　发票联　购货方记账凭证

山西省增值税专用发票
发票联

1200087615　　　　　　　　　　　　　　　　No. 01117055

校验码：27609603047839845625　　　　　　开票日期：2018 年 07 月 21 日

购货单位	名　称：	山西中信电气有限公司			密码区	5%59#>%&*962@>%@*7&*# $*#$*75402@*79$9&#$9&$ *#$96&<#>%#$92@*7>%& *9*$&<#>4#40@%&*#$9> 276<5249		
	纳税人识别号：	31080123456789						
	地 址 、电 话：	山西省榆次区工业路 15 号 0354－3996547						
	开户行及账号：	中国建设银行晋华支行 6217000340003456789						
货物或应税劳务名称	规格型号	单位	数量	单价	金额	税率/%	税额	
排气扇		件	5	266.00	1 330.00	16%	212.80	
合计			5	266.00	1 330.00	16%	212.80	
价税合计（大写）	人民币壹仟伍佰肆拾贰元捌角整					（小写）¥：1 542.80		
销货单位	名　称：	太原市新华文化用品有限公司			备注			
	纳税人识别号：	31082123456789						
	地 址 、电 话：	建设南路 276 号 0351－6165782						
	开户行及账号：	中国农业银行建南支行 662810212131234						

太原市新华文化用品有限公司 140102100254332 发票专用章

收款人：王华　　复核：刘敏　　开票人：吴锐　　销货单位（章）

第二联　抵扣联　购货方抵扣凭证

27. 7月24日，取得原始凭证1张。

中国建设银行转账支票存根

支票号码　cbc20186662

科　　目________________

对方科目________________

出票日期 2018年07月24日

收款人：中国红十字基金会
金　额：¥15.000.00
用　途：捐款
备　注：

单位主管：刘中信　会计：张自权

28. 7月24日，取得原始凭证4张。

请　款　单

2018年07月24日

请款部门：销售部	付款方式	转账支票	附票据 2 张
金额：人民币（大写）玖仟伍佰肆拾元整			¥：9 540.00
事由：支付广告宣传费			
单位负责人	部门负责人	财务负责人	请款人
刘中信	石甜甜	姚耀明	胡红红

中国建设银行转账支票存根

支票号码　cdc2018663

科　　目__________________

对方科目__________________

出票日期 2018 年 07 月 24 日

收款人：晋中市电视台
金　额：¥9 540.00
用　途：支付广告宣传费
备　注：

单位主管：刘中信　会计：张自权

山西省增值税专用发票

发票联

1200087616　　　　No. 01117056

校验码：27609603047839845626　　　　开票日期：2018 年 07 月 24 日

购货单位	名　　称：	山西中信电气有限公司				密码区	5％59＃＞％&＋962@＞％@＊7&＊＃ $＊＃$＊754C2@＊79$9&＃$9&$ ＊＃$96&＜＃＞％＃$92@＊7＞％& ＊9＊$&＜＃＞4＃40@％&＊＃$9＞ 276＜5250		
	纳税人识别号：	31080123456789							
	地 址 、电 话：	山西省榆次区工业路 15 号 0354－3996547							
	开户行及账号：	中国建设银行晋华支行 6217000340003456789							
货物或应税劳务名称		规格型号	单位	数量	单价		金额	税率/％	税额
广告宣传费				1	9 000.00		9 000.00	6％	540.00
合计				1	9 000.00		9 000.00	6％	540.00
价税合计（大写）		人民币玖仟伍佰肆拾元整						（小写）¥：9 540.00	
销货单位	名　　称：	晋中市电视台				备注	晋中市电视台 31096123456789 发票专用章		
	纳税人识别号：	31096123456789							
	地 址 、电 话：	顺城西街 91 号 0354－6165796							
	开户行及账号：	中国农业银行中心支行 662811612131234							

收款人：周华　　复核：顾敏　　开票人：赵佳芳　　销货单位（章）

第二联　抵扣联　购货方抵扣凭证

山西省增值税专用发票

发票联

1200087616　　　　No. 01117056

校验码：27609603047839845626　　　　开票日期：2018 年 07 月 24 日

<table>
<tr><td rowspan="4">购货单位</td><td>名　　称：</td><td>山西中信电气有限公司</td><td rowspan="4">密码区</td><td colspan="5" rowspan="4">5%59＃＞%＆＊962@＞%@＊7＆＊＃
$＊＃$＊75402@＊79$9＆＃$9＆$
＊＃$96＆＜＃＞%＃$92@＊7＞%＆
＊9＊$＆＜＃＞4＃40@%＆＊＃$9＞
276＜5250</td></tr>
<tr><td>纳税人识别号：</td><td>31080123456789</td></tr>
<tr><td>地 址 、电 话：</td><td>山西省榆次区工业路 15 号 0354－3996547</td></tr>
<tr><td>开户行及账号：</td><td>中国建设银行晋华支行
6217000340003456789</td></tr>
<tr><td colspan="2">货物或应税劳务名称</td><td>规格型号</td><td>单位</td><td>数量</td><td>单价</td><td>金额</td><td>税率/%</td><td>税额</td></tr>
<tr><td colspan="2">广告宣传费</td><td></td><td></td><td>1</td><td>9 000.00</td><td>9 000.00</td><td>6%</td><td>540.00</td></tr>
<tr><td colspan="2"></td><td></td><td></td><td></td><td></td><td></td><td></td><td></td></tr>
<tr><td colspan="2">合计</td><td></td><td></td><td>1</td><td>9 000.00</td><td>9 000.00</td><td>6%</td><td>540.00</td></tr>
<tr><td colspan="2">价税合计（大写）</td><td colspan="5">人民币玖仟伍佰肆拾元整</td><td colspan="2">（小写）¥：9 540.00</td></tr>
<tr><td rowspan="4">销货单位</td><td>名　　称：</td><td>晋中市电视台</td><td rowspan="4">备注</td><td colspan="5" rowspan="4">晋中市电视台
31096123456789
发票专用章</td></tr>
<tr><td>纳税人识别号：</td><td>31096123456789</td></tr>
<tr><td>地 址 、电 话：</td><td>顺城西街 91 号 0354－6165796</td></tr>
<tr><td>开户行及账号：</td><td>中国农业银行中心支行
662811612131234</td></tr>
</table>

收款人：周华　　　复核：顾敏　　　开票人：赵佳芳　　　销货单位（章）

第三联　发票联　购货方记账凭证

29. 7 月 25 日，取得原始凭证 3 张。

销售出库单

客户名称：华北变压器有限公司　　　2018 年 07 月 25 日　　　第 SX20180704 号

订单号：20180704　　　发货仓库：成品库

编号	产品名称及型号	单位	数量	单价	金额
201	铁芯 T123	台	5	20 000.00	100 000.00
	合　计				¥100 000.00

记账：张自权　　　审核：石甜甜　　　提货：范磊　　　制单：胡红红

第二联　销售

产品出库单

客户名称：华北变压器有限公司　　2018 年 07 月 25 日　　第 CK20180703 号

销售单号：SX20180704　　发货仓库：成品库

编号	产品名称及型号	单位	数量	单价	金额
201	铁芯 T123	台	5		
合　计					

第三联　财务

记账：张自权　　审核：段国标　　提货：范磊　　仓库保管员：宋浩

山西省增值税专用发票

发票联

1200087617　　No. 01117057

校验码：27609603047839845627　　开票日期：2018 年 07 月 25 日

购货单位	名　　称：	华北变压器有限公司	密码区	5％59＃＞％＆＊962＠＞％＠＊7＆＊＃
	纳税人识别号：	31090123456789		＄＊＃＄＊75402＠＊79＄9＆＃＄9＆＄
	地 址 、电 话：	开封市山前路 45 号 0371－6165790		＊＃＄96＆＜＃＞％＃＄92＠＊7＞％＆
	开户行及账号：	中国工商银行山前支行 622211012131234		＊9＊＄＆＜＃＞4＃40＠％＆＊＃＄9＞ 276＜5251

货物或应税劳务名称	规格型号	单位	数量	单价	金额	税率/％	税额
铁芯	T123	台	5	20 000.00	100 000.00	16％	16 000.00
合计			5	20 000.00	100 000.00	16％	16 000.00
价税合计（大写）	人民币壹拾壹万陆仟元整					（小写）¥：116 000.00	

销货单位	名　　称：	山西中信电气有限公司	备注	
	纳税人识别号：	31080123456789		
	地 址 、电 话：	山西省榆次区工业路 15 号 0354－3996547		
	开户行及账号：	中国建设银行晋华支行 6217000340003456789		山西中信电气有限公司 31080123456789 发票专用章

第一联　记账联　销货方记账凭证

收款人：张自权　　复核：姚耀明　　开票人：李卫华　　销货单位：（章）

30. 7 月 25 日，取得原始凭证 1 张。

中国建设银行　进账单（收账通知）　1

2018 年 07 月 25 日

<table>
<tr><td rowspan="3">出票人</td><td>全　称</td><td colspan="2">西安市金属制品有限公司</td><td rowspan="3">付款人</td><td>全　称</td><td>山西中信电气有限公司</td></tr>
<tr><td>账　号</td><td colspan="2">621711712131234</td><td>账　号</td><td>6217000340003456789</td></tr>
<tr><td>开户银行</td><td colspan="2">中国建设银行雁塔支行</td><td>开户银行</td><td>中国建设银行晋华支行</td></tr>
<tr><td>金额</td><td colspan="5">人民币（大写）零壹拾万元整</td><td>千 百 十 万 千 百 十 元 角 分
¥ 1 0 0 0 0 0 0</td></tr>
<tr><td>票据种类</td><td>支票张数</td><td>票据张数</td><td>1</td><td colspan="3" rowspan="3">中国建设银行
晋华支行
2018年07月25日
开户银行签章</td></tr>
<tr><td>票据号码</td><td colspan="3"></td></tr>
<tr><td colspan="4">复核 景天　　记账 朱胜</td></tr>
</table>

此联是银行交给收款人的收款通知

31. 7 月 26 日，取得原始凭证 3 张。

请　款　单

2018 年 07 月 26 日

<table>
<tr><td>请款部门：行政部</td><td>付款方式</td><td>转账支票</td><td>附票据 1 张</td></tr>
<tr><td colspan="3">金额：人民币（大写）壹仟叁佰玖拾贰元整</td><td>¥：1 392.00</td></tr>
<tr><td colspan="4">事由：支付日常修理费</td></tr>
<tr><td>单位负责人</td><td>部门负责人</td><td>财务负责人</td><td>请款人</td></tr>
<tr><td>刘中信</td><td>刘中信</td><td>姚耀明</td><td>毛敏</td></tr>
</table>

中国建设银行转账支票存根
支票号码　cbc20186664
科　　目＿＿＿＿＿＿＿＿
对方科目＿＿＿＿＿＿＿＿
出票日期 2018 年 07 月 26 日
收款人：山西大昌汽车贸易有限公司
金　额：￥1 392.00
用　途：支付日常修理费
备　注：
单位主管：刘中信　会计：张自权

山西省增值税专用发票

发票联

1200087618　　　　No. 01117058

校验码：27609603047839845628　　　　开票日期：2018 年 07 月 26 日

购货单位	名　　称：	山西中信电气有限公司	密码区	5%59#>%&*952@>%@*7&*# $*#$*75402@*79$9&#$9&$ *#$96&<#>%#$92@*7>%& *9*$&<#>4#40@%&*#$9> 276<5252
	纳税人识别号：	31080123456789		
	地 址 、电 话：	山西省榆次区工业路 15 号 0354—3996547		
	开户行及账号：	中国建设银行晋华支行 6217000340003456789		

货物或应税劳务名称	规格型号	单位	数量	单价	金额	税率/%	税额
汽车修理费			1	1 200.00	1 200.00	16%	192.00
合计			1	1 200.00	1 200.00	16%	192.00
价税合计（大写）	人民币壹仟叁佰玖拾贰元整					（小写）￥：1 392.00	

销货单位	名　　称：	山西大昌汽车贸易有限公司	备注	山西大昌汽车贸易有限公司 31092123456789 发票专用章
	纳税人识别号：	31092123456789		
	地 址 、电 话：	晋榆路 34 号 0351－6165792		
	开户行及账号：	中国农业银行平阳支行 662811212131234		

收款人：胡洁　　复核：方琳　　开票人：顾佳佳　　销货单位（章）

第二联　发票联　购货方记账凭证

32. 7 月 27 日，取得原始凭证 4 张。

请 款 单

2018 年 07 月 27 日

请款部门：行政部	付款方式	转账支票	附票据 2 张
金额：人民币（大写）贰仟叁佰贰拾元整			¥：2 320.00
事由：购买传真机			
单位负责人	部门负责人	财务负责人	请款人
刘中信	刘中信	姚耀明	毛敏

固定资产验收单

2018 年 07 月 27 日

固定资产名称		型号	计量单位	数量	供货单位		
传真机		MP－808	台	1	晋中市伟光科技有限公司		
总价	设备费	安装费	运杂费	包装费	其他	合计	预计年限	净残值率
	2 000.00					2 000.00	3	4%
验收意见		合格	验收人签章		毛敏	保管使用人签章	毛敏

中国建设银行转账支票存根

支票号码　cbc20186665

科　　目________________

对方科目________________

出票日期 2018 年 07 月 27 日

收款人：晋中市伟光科技有限公司
金　额：¥2 320.00
用　途：购买传真机款
备　注：

单位主管：刘中信　会计：张自权

山西省增值税专用发票

发票联

1200087619　　　　　　　　　　No. 01117059

校验码：27609603047839845629　　　　开票日期：2018 年 07 月 27 日

购货单位			密码区
	名　　称：	山西中信电气有限公司	5%59#>%&*962@>%@*7&*#$*#$*75402@*79$9&#$9&$*#$96&<#>%#$92@*7>%&*9*$&<#>4#40@%&*#$9>276<5253
	纳税人识别号：	31080123456789	
	地 址 、电 话：	山西省榆次区工业路 15 号 0354—3996547	
	开户行及账号：	中国建设银行晋华支行 6217000340003456789	

货物或应税劳务名称	规格型号	单位	数量	单价	金额	税率/%	税额
传真机			1	2 000.00	2 000.00	16%	320.00
合计			1	2 000.00	2 000.00	16%	320.00
价税合计（大写）	人民币贰仟叁佰贰拾元整					（小写）¥：2 320.00	

销货单位			备注
	名　　称：	晋中市伟光科技有限公司	晋中市伟光科技有限公司 31098123456789 发票专用章
	纳税人识别号：	31098123456789	
	地 址 、电 话：	汇通北路 99 号 0354—6165798	
	开户行及账号：	中国农业银行汇通支行 662811812131234	

收款人：张志洁　　　复核：古建文　　　开票人：方佳佳　　　销货单位（章）

第二联　抵扣联　购货方抵扣凭证

山西省增值税专用发票

发票联

1200087619　　　　　　　　　　No. 01117059

校验码：27609603047839845629　　　　开票日期：2018 年 07 月 27 日

购货单位			密码区
	名　　称：	山西中信电气有限公司	5%59#>%&*962@>%@*7&*#$*#$*75402@*79$9&#$9&$*#$96&<#>%#$92@*7>%&*9*$&<#>4#40@%&*#$9>276<5253
	纳税人识别号：	31080123456789	
	地 址 、电 话：	山西省榆次区工业路 15 号 0354—3996547	
	开户行及账号：	中国建设银行晋华支行 6217000340003456789	

货物或应税劳务名称	规格型号	单位	数量	单价	金额	税率/%	税额
传真机			1	2 000.00	2 000.00	16%	320.00
合计			1	2 000.00	2 000.00	16%	320.00
价税合计（大写）	人民币贰仟叁佰贰拾元整					（小写）¥：2 320.00	

销货单位			备注
	名　　称：	晋中市伟光科技有限公司	晋中市伟光科技有限公司 31098123456789 发票专用章
	纳税人识别号：	31098123456789	
	地 址 、电 话：	汇通北路 99 号 0354——6165798	
	开户行及账号：	中国农业银行汇通支行 662811812131234	

收款人：张志洁　　　复核：古建文　　　开票人：方佳佳　　　销货单位（章）

第三联　发票联　购货方记账凭证

33. 7 月 27 日，取得原始凭证 3 张。

请　款　单

2018 年 07 月 27 日

请款部门：行政部		付款方式	转账支票	附票据 1 张
金额：人民币（大写）壹仟捌佰贰拾肆元整				¥：1 824.00
事由：支付电信话费				
单位负责人	部门负责人	财务负责人		请款人
刘中信	刘中信	姚耀明		毛敏

中国电信集团山西省通信公司专用发票（二联）

发票联

开票时间：2018－07－27

收费项目	金额	优惠	收费项目	金额	优惠
市话费 长途话费	538.00 1 286.00				
实交合计	人民币（大写）壹仟捌佰贰拾肆元整				
备注：1. 无收费专用章和经办人章无效； 2. 如有查询事项以此为据； 3. 请留意背面客户须知。					
说明					

第二联　发票联

收款单位（章）　　　　经办人：009

中国建设银行转账支票存根

支票号码　cbc20186666

科　　目＿＿＿＿＿＿

对方科目＿＿＿＿＿＿

出票日期 2018 年 07 月 27 日

收款人：中国电信集团晋中分公司
金　额：¥1 824.00
用　途：支付电信话费
备　注：

单位主管：　　　　会计：

34. 7 月 27 日，取得原始凭证 3 张。

材料入库单

供应单位：太原市新型钢材有限公司　　　　第 SL20180703 号

发票号码：01117060　　　　2018 年 07 月 27 日　　　　收料仓库：原材料库

编号	材料名称及规格	单位	数量		实际价格			
			应收	实收	单价	发票金额	运杂费	合计
102	B 材料	吨	50	50	3 220.00	161 000.00		161 000.00
104	D 材料	吨	100	100	160.00	16 000.00		16 000.00
合　计								¥177 000.00

记账联

记账：张自权　　仓库保管员：宋浩　　采购业务员：秦俊辉　　采购主管：王刚

山西省增值税专用发票

发票联

（印章：国家税务总局监制）

1200087620　　　　No. 01117060

校验码：27609603047839845630　　　　开票日期：2018 年 07 月 27 日

购货单位		密码区
名　　称：	山西中信电气有限公司	5％59＃＞％＆＊962@＞％@＊7＆＊＃
纳税人识别号：	31080123456789	＄＊＃＄＊75402@＊79＄9＆＃＄9＆＄
地 址 、电 话：	山西省榆次区工业路 15 号 0354－3996547	＊＃＄96＆＜＃＞％＃＄92@＊7＞％＆
开户行及账号：	中国建设银行晋华支行 6217000340003456789	＊9＊＄＆＜＃＞4＃40@％＆＊＃＄9＞ 276＜5254

货物或应税劳务名称	规格型号	单位	数量	单价	金额	税率/%	税额
B 材料		吨	50	3 220.00	161 000.00	16%	25 760.00
D 材料		吨	100	160.00	16 000.00	16%	2 560.00
合计			150		177 000.00	16%	28 320.00
价税合计（大写）	人民币贰拾万伍仟叁佰贰拾元整					（小写）¥：205 320.00	

销货单位		备注
名　　称：	太原市新型钢材有限公司	
纳税人识别号：	31084123456789	
地 址 、电 话：	新华路 79 号 0351－6165784	
开户行及账号：	太原市农业银行桥西支行 662810412131234	（印章：太原市新型钢材有限公司 31084123456789 发票专用章）

第二联　抵扣联　购货方抵扣凭证

收款人：李华为　　复核：张力　　开票人：吴俊芳　　销货单位（章）

山西省增值税专用发票
发票联

1200087620　　　　　　　　　　　　No. 01117060

校验码：27609603047839845630　　　　开票日期：2018 年 07 月 27 日

购货单位			密码区
购货单位	名　　称：	山西中信电气有限公司	5%59＃>%&＊962@>%@＊7&＊＃
	纳税人识别号：	31080123456789	$＊＃$＊75402@＊79$9&＃$9&$
	地址、电话：	山西省榆次区工业路 15 号 0354－3996547	＊＃$96&<＃>%＃$92@＊7>%&
	开户行及账号：	中国建设银行晋华支行 6217000340003456789	＊9＊$&<＃>4＃40@%&＊＃$9> 276<5254

货物或应税劳务名称	规格型号	单位	数量	单价	金额	税率/%	税额
B 材料		吨	50	3 220.00	161 000.00	16%	25 760.00
D 材料		吨	100	160.00	16 000.00	16%	2 560.00
合计			150		177 000.00		28 320.00
价税合计（大写）	人民币贰拾万伍仟叁佰贰拾元整					（小写）¥：205 320.00	

销货单位			备注
销货单位	名　　称：	太原市新型钢材有限公司	太原市新型钢材有限公司 31084123456789 发票专用章
	纳税人识别号：	31084123456789	
	地址、电话：	新华路 79 号 0351－6165784	
	开户行及账号：	太原市农业银行桥西支行 662810412131234	

收款人：李华为　　　复核：张力　　　开票人：吴俊芳　　　销货单位（章）

第三联　发票联　购货方记账凭证

35. 7 月 28 日，取得原始凭证 3 张。

材 料 入 库 单

供应单位：山西晋城高庄燃料有限公司　　　　　　第 SL20180704 号

发票号码：01117060　　　　2018 年 07 月 28 日　　　　收料仓库：原材料库

编号	材料名称及规格	单位	数量		实际价格			
			应收	实收	单价	发票金额	运杂费	合计
101	A 材料	吨	50	50	2 120.00	106 000.00		106 000.00
103	C 材料	吨	50	50	428.00	21 400.00		21 400.00
合　计								¥127 400.00

记账联

记账：张自权　　　仓库保管员：宋浩　　　采购业务员：秦俊辉　　　采购主管：王刚

山西省增值税专用发票

发票联

1200087621　　　　No. 01117061

校验码：27609603047839845631　　　　开票日期：2018 年 07 月 28 日

购货单位	名　　称：	山西中信电气有限公司			密码区	5％59＃＞％＆＊962＠＞％＠＊7＆＊＃ ＄＊＃＄＊75402＠＊79＄9＆＃＄9＆＄ ＊＃＄96＆＜＃＞％＃＄92＠＊7＞％＆ ＊9＊＄＆＜＃＞4＃40＠％＆＊＃＄9＞ 276＜5255		
	纳税人识别号：	31080123456789						
	地址、电话：	山西省榆次区工业路 15 号 0354—3996547						
	开户行及账号：	中国建设银行晋华支行 6217000340003456789						
货物或应税劳务名称		规格型号	单位	数量	单价	金额	税率/%	税额
A 材料			吨	50	2 120.00	106 000.00	16%	16 960.00
C 材料			吨	50	428.00	21 400.00	16%	3 424.00
合计				100		127 400.00		20 384.00
价税合计（大写）		人民币壹拾肆万柒仟柒佰捌拾肆元整					（小写）¥：147 784.00	
销货单位	名　　称：	山西晋城高庄燃料有限公司			备注			
	纳税人识别号：	31081123456789						
	地址、电话：	高庄文化路 41 号 0356—6165781						
	开户行及账号：	中国农业银行高庄支行 662810112131234						

收款人：李浩　　复核：张帆　　开票人：刘叶　　销货单位（章）

第二联　抵扣联　购货方抵扣凭证

山西省增值税专用发票

发票联

1200087621　　　　No. 01117061

校验码：27609603047839845631　　　　开票日期：2018 年 07 月 28 日

购货单位	名　　称：	山西中信电气有限公司			密码区	5％59＃＞％＆＊962＠＞％＠＊7＆＊＃ ＄＊＃＄＊75402＠＊79＄9＆＃＄9＆＄ ＊＃＄96＆＜＃＞％＃＄92＠＊7＞％＆ ＊9＊＄＆＜＃＞4＃40＠％＆＊＃＄9＞ 276＜5255		
	纳税人识别号：	31080123456789						
	地址、电话：	山西省榆次区工业路 15 号 0354—3996547						
	开户行及账号：	中国建设银行晋华支行 6217000340003456789						
货物或应税劳务名称		规格型号	单位	数量	单价	金额	税率/%	税额
A 材料			吨	50	2 120.00	106 000.00	16%	16 960.00
C 材料			吨	50	428.00	21 400.00	16%	3 424.00
合计				100		127 400.00		20 384.00
价税合计（大写）		人民币壹拾肆万柒仟柒佰捌拾肆元整					（小写）¥：147 784.00	
销货单位	名　　称：	山西晋城高庄燃料有限公司			备注			
	纳税人识别号：	31081123456789						
	地址、电话：	高庄文化路 41 号 0356—6165781						
	开户行及账号：	中国农业银行高庄支行 662810112131234						

收款人：李浩　　复核：张帆　　开票人：刘叶　　销货单位（章）

第三联　发票联　购货方记账凭证

36．7 月 31 日，取得原始凭证 12 张，要求编制发出材料汇总表。

发料凭证汇总表

2018 年 10 月 31 日　　单位：元

领用部门 \ 材料名称	生产车间		生产车间	行政部门	合计
	铁芯	油箱	一般消耗	日常消耗	
A 材料					
B 材料					
C 材料					
D 材料					
E 材料					
F 材料					
合计					

财务主管：　　制表：

材料出库单

领用部门：铁芯车间　　第 CK20180701 号

用途：生产铁芯　　2018 年 07 月 03 日　　发料仓库：原材料库

编号	材料名称及规格	单位	数量		单价	金额
			请领	实领		
103	C 材料	吨	40	40		
104	D 材料	吨	40	40		
合计			80	80		

记账联

记账：张自权　　审核：段国标　　领料：李冬青　　仓库保管员：宋浩

材料出库单

领用部门：油箱车间　　　　第 CK20180702 号

用途：生产油箱　　　　2018 年 07 月 03 日　　　　发料仓库：原材料库

编号	材料名称及规格	单位	数量		单价	金额
			请领	实领		
103	C 材料	吨	40	40		
104	D 材料	吨	40	40		
合计			80	80		

记账联

记账：张自权　　审核：段国标　　领料：李冬青　　仓库保管员：宋浩

材料出库单

领用部门：铁芯车间　　　　第 CK20180703 号

用途：生产铁芯　　　　2018 年 07 月 06 日　　　　发料仓库：原材料库

编号	材料名称及规格	单位	数量		单价	金额
			请领	实领		
101	A 材料	吨	40	40		
102	B 材料	吨	20	20		
合计			60	60		

记账联

记账：张自权　　审核：段国标　　领料：李冬青　　仓库保管员：宋浩

材料出库单

领用部门：油箱车间　　　　第 CK20180704 号

用途：生产油箱　　　　2018 年 07 月 06 日　　　　发料仓库：原材料库

编号	材料名称及规格	单位	数量		单价	金额
			请领	实领		
101	A 材料	吨	40	40		
102	B 材料	吨	20	20		
合计			60	60		

记账联

记账：张自权　　审核：段国标　　领料：李冬青　　仓库保管员：宋浩

材 料 出 库 单

领用部门：铁芯车间　　　　　　　　　　　　　　　　第 CK20180705 号

用途：生产铁芯　　　　　2018 年 07 月 11 日　　　　发料仓库：原材料库

编号	材料名称及规格	单位	数量		单价	金额
			请领	实领		
105	E 材料	台	60	60		
106	F 材料	套	200	200		
合计			260	260		

记账联

记账：张自权　　　审核：段国标　　　领料：李冬青　　　仓库保管员：宋浩

材 料 出 库 单

领用部门：油箱车间　　　　　　　　　　　　　　　　第 CK20180706 号

用途：生产油箱　　　　　2018 年 07 月 11 日　　　　发料仓库：原材料库

编号	材料名称及规格	单位	数量		单价	金额
			请领	实领		
105	E 材料	台	60	60		
106	F 材料	套	200	200		
合计			260	260		

记账联

记账：张自权　　　审核：段国标　　　领料：邢志朋　　　仓库保管员：宋浩

材 料 出 库 单

领用部门：铁芯车间　　　　　　　　　　　　　　　　第 CK20180707 号

用途：生产铁芯　　　　　2018 年 07 月 12 日　　　　发料仓库：原材料库

编号	材料名称及规格	单位	数量		单价	金额
			请领	实领		
103	C 材料	吨	40	40		
104	D 材料	吨	40	40		
合计			80	80		

记账联

记账：张自权　　　审核：段国标　　　领料：李冬青　　　仓库保管员：宋浩

材料出库单

领用部门：油箱车间　　　　　　　　　　　　　　　　　　　　第 CK20180708 号

用途：生产油箱　　　　　　　　2018 年 07 月 12 日　　　　　发料仓库：原材料库

编号	材料名称及规格	单位	数量		单价	金额
			请领	实领		
103	C 材料	吨	40	40		
104	D 材料	吨	40	40		
合计			80	80		

记账联

记账：张自权　　　　审核：段国标　　　　领料：邢志朋　　　　仓库保管员：宋浩

材料出库单

领用部门：铁芯车间　　　　　　　　　　　　　　　　　　　　第 CK20180709 号

用途：生产铁芯　　　　　　　　2018 年 07 月 18 日　　　　　发料仓库：原材料库

编号	材料名称及规格	单位	数量		单价	金额
			请领	实领		
101	A 材料	吨	90	90		
102	B 材料	吨	30	30		
合计			120	120		

记账联

记账：张自权　　　　审核：段国标　　　　领料：李冬青　　　　仓库保管员：宋浩

材料出库单

领用部门：油箱车间　　　　　　　　　　　　　　　　　　　　第 CK20180710 号

用途：生产油箱　　　　　　　　2018 年 07 月 18 日　　　　　发料仓库：原材料库

编号	材料名称及规格	单位	数量		单价	金额
			请领	实领		
101	A 材料	吨	80	80		
102	B 材料	吨	30	30		
合计			110	110		

记账联

记账：张自权　　　　审核：段国标　　　　领料：邢志朋　　　　仓库保管员：宋浩

材料出库单

领用部门：铁芯车间　　　　第 CK20180712 号

用途：生产铁芯　　　　2018 年 07 月 24 日　　　　发料仓库：原材料库

编号	材料名称及规格	单位	数量		单价	金额
			请领	实领		
106	F 材料	套	300	300		
合计			300	300		

记账：张自权　　审核：段国标　　领料：李冬青　　仓库保管员：宋浩

记账联

材料出库单

领用部门：油箱车间　　　　第 CK20180713 号

用途：生产油箱　　　　2018 年 07 月 24 日　　　　发料仓库：原材料库

编号	材料名称及规格	单位	数量		单价	金额
			请领	实领		
106	F 材料	套	300	300		
合计			300	300		

记账：张自权　　审核：段国标　　领料：邢志朋　　仓库保管员：宋浩

记账联

37. 7 月 31 日，取得原始凭证 4 张。

销售出库单

客户名称：西安市金属制品有限公司　　　　第 XS20180705 号

订单号：20180705　　　　2018 年 07 月 31 日　　　　发货仓库：成品库

编号	产品名称及型号	单位	数量	单价	金额
201	铁芯 T123	台	10	20 000.00	200 000.00
202	油箱 Y456	台	10	24 000.00	240 000.00
合　计			20	44 000.00	¥440 000.00

记账：张自权　　审核：石甜甜　　提货：范磊　　制单：胡红红

第三联 财务

产品出库单

客户名称：西安市金属制品有限公司　　　　　　　　　　第 CK20180704 号

销售单号：SX20180705　　　　2018 年 07 月 31 日　　　　发货仓库：成品库

编号	产品名称及型号	单位	数量	单价	金额
201	铁芯 T123	台	10		
202	油箱 Y456	台	10		
合　计			20		

第三联　财务

记账：张自权　　审核：段国标　　提货：范磊　　仓库保管员：宋浩

山西省增值税专用发票

发票联

1200087622　　　　　　　　　　No. 01117062

校验码：27609603047839845632　　　　开票日期：2018 年 07 月 31 日

购货单位			密码区
名　　称：	西安市金属制品有限公司		5％59＃＞％&＊962@＞％@＊7&＊＃
纳税人识别号：	31097123456789		$＊＃$＊75402@＊79$9&＃$9&$
地址、电话：	西安市雁塔南路 318 号 029－6165797		＊＃$96&＜＃＞％＃$92@＊7＞％&
开户行及账号：	中国建设银行雁塔支行 62171171213123		＊9＊$&＜＃＞4＃40@％&＊＃$9＞ 276＜5245

货物或应税劳务名称	规格型号	单位	数量	单价	金额	税率/％	税额
油箱	Y456	台	10	24 000.00	240 000.00	16％	38 400.00
铁芯	T123	台	10	20 000.00	200 000.00	16％	32 000.00
合计			20	44 000.00	440 000.00	16％	70 400.00
价税合计（大写）	人民币伍拾壹万零肆佰元整					（小写）￥：	510 400.00

销货单位		备注
名　　称：	山西中信电气有限公司	
纳税人识别号：	31080123456789	
地址、电话：	山西省榆次区工业路 15 号 0354－3996547	
开户行及账号：	中国建设银行晋华支行 6217000340003456789	山西中信电气有限公司 31080123456789 发票专用章

第一联　记账联　销货方记账凭证

收款人：张自权　　复核：姚耀明　　开票人：李卫华　　销货单位：（章）

中国建设银行　进账单（收账通知）　1

2018 年 07 月 31 日

出票人	全　称	西安市金属制品有限公司	付款人	全　称	山西中信电气有限公司
	账　号	621711712131234		账　号	6217000340003456789
	开户银行	中国建设银行雁塔支行		开户银行	中国建设银行晋华支行

金额	人民币（大写）肆拾壹万零肆佰元整	千	百	十	万	千	百	十	元	角	分
			¥	4	1	0	4	0	0	0	0

票据种类	支票张数	票据张数	1	
票据号码				开户银行签章
复核 景天　记账 朱胜				

此联是银行交给收款人的收款通知

中国建设银行 晋华支行 2018年07月31日

38. 7 月 31 日，自制原始凭证 1 张。

计 提 利 息 计 算 表

2018 年 7 月 31 日

借款种类	借款日期	借款本金/元	期限	年利率	本期计提/元
短期借款	2018 年 7 月 3 日	3 000 000.00	6 个月	6%	15 000.00
合计					¥15 000.00

财务主管：姚耀明　　　　制单：张自权

39. 7 月 31 日，取得原始凭证 1 张。

固定资产折旧计算表

2018 年 7 月 31 日　　　　单位：元

固定资产类别	固定资产项目	单位	数量	原值	使用年限	残值率%	折旧方法	本月应计的折旧额
生产用固定资产	厂房	栋	1	1 200 000.00	50	4	直线法	1 920.00
	线圈生产设备	台	1	240 000.00	10	4	直线法	1 920.00
	铁芯生产设备	台	1	400 000.00	10	4	直线法	3 200.00
	小计			1 840 000.00				7 040.00
非生产用固定资产	办公用房屋	栋	1	900 000.00	50	4	直线法	1 440.00
	办公用电脑	台	10	45 000.00	3	4	直线法	1 200.00
	小计			945 000.00				2 640.00
合计				2 785 000.00				9 680.00

财务主管：姚耀明　　　　制单：张自权

40．7 月 31 日，自制制造费用分配表。

制造费用分配表

年 月 日

单位：元

本月制造费用			
分配对象	分配标准（生产工人工资）	分配率	分配金额
铁芯 T123			
油箱 Y456			
合计			

财务主管： 制单：

41．7 月 31 日，取得原始凭证 1 张，要求自制产品成本计算表和产品入库单。

产品产量明细表

生产车间	产品名称	月初在产品数量	本月投产数量	本月完工产品数量	月末在产品数量
铁芯车间	铁芯 T123	0	50	50	0
油箱车间	油箱 Y456	0	35	30	5
合计					

财务主管：姚耀明 制单：宋浩

产品成本计算表

生产车间		铁芯车间				油箱车间			
产品名称		铁芯 T123				油箱 Y456			
成本项目		直接材料	直接人工	制造费用	合计	直接材料	直接人工	制造费用	合计
月初在产品成本									
本月生产费用									
生产成本合计									
产量	完工产品产量								
	在产品产量								
产品单位成本									
完工产品成本									
月末在产品成本									

财务主管： 制单：

产 品 入 库 单

部　　门：铁芯车间　　　　2018 年 07 月 31 日　　　　第 RK20180701 号
收货仓库：成品库

编号	产品名称及型号	单位	数量	单价	金额
201	铁芯 T123	台	50		
合　计			50		

第二联　财务

记账：张自权　　　　审核：段国标　　　　仓库保管员：王浩　　　　送货：李冬青

产 品 入 库 单

部　　门：油箱车间　　　　2018 年 07 月 31 日　　　　第 RK20180702 号
收货仓库：成品库

编号	产品名称及型号	单位	数量	单价	金额
202	油箱 Y456	台	30		
合　计			30		

第二联　财务

记账：张自权　　　　审核：段国标　　　　仓库保管员：王浩　　　　送货：邢志朋

42. 7 月 31 日，要求根据本月销售业务自制发出商品汇总表。

发出商品汇总表

年　　月　　日　　　　单位：元

编号	产品名称及型号	单位	发出产品数量	单位成本	总成本
合计					

财务主管：　　　　制单：

43. 7月31日，取得原始凭证3张。

盘　点　表

单位名称：山西中信电气有限公司

财产类别：原材料　　　　盘点时间：2018年07月31日　　　　存放地点：原材料库

编号	材料名称及规格	单位	数量	单价	金额/元	备注
101	A材料	吨	60	2076.57	124 594.20	
101	A材料	吨	0.5	2000.00	1 000.00	估计价格
102	B材料	吨	80	3200.00	256 000.00	
103	C材料	吨	90	415.20	37 368.00	
104	D材料	吨	130	158.28	20 576.40	
105	E材料	台	20	2000.00	40 000.00	
106	F材料	套	700	134.41	94 087.00	
合计					573 625.60	

盘点人：张自权　　　　仓库保管员：宋浩

盘　点　表

单位名称：山西中信电气有限公司

财产类别：产成品　　　　盘点时间：2018年07月31日　　　　存放地点：成品库

编号	产品名称及型号	单位	数量	单价	金额/元	备注
201	铁芯 T123	台	45	13 486.37	606 886.65	
202	油箱 Y123	台	35	19 298.30	675 440.50	
合计					1 282 327.15	

盘点人：张自权　　　　仓库保管员：宋浩

账存实存对比表

2018 年 07 月 31 日

单位名称：山西中信电气有限公司　　　　　　　　单位：元

编号	名称	单位	账存数量	实存数量	盘盈		盘亏		盘盈、盘亏原因
					数量	金额	数量	金额	
101	A 材料	吨	60	60.5	0.5	1 000.00			
102	B 材料	吨	80	80					
103	C 材料	吨	90	90					
104	D 材料	吨	130	130					
105	E 材料	套	20	20					
106	F 材料	台	700	700					
201	铁芯 T123	台	45	45					
202	油箱 Y123	台	35	35					
合计					0.5	1 000.00			

财务主管：姚耀明　　　　仓库保管员：宋浩　　　　盘点人：张自权

44. 7 月 31 日，取得原始凭证 1 张。

账存实存对比表

2018 年 07 月 31 日

单位名称：山西中信电气有限公司　　　　　　　　单位：元

编号	名称	单位	账存数量	实存数量	盘盈		盘亏		盘盈、盘亏原因
					数量	金额	数量	金额	
101	A 材料	吨	60	60.5	0.5	1 000.00			不明
102	B 材料	吨	80	80					
103	C 材料	吨	90	90					处理意见
104	D 材料	吨	130	130					同意将盘盈材料按估计价格冲减当期管理费用。 刘中信 2018.7.31
105	E 材料	台	20	20					
106	F 材料	套	700	700					
201	铁芯 T123	台	45	45					
202	油箱 Y123	台	35	35					
合计					0.5	1 000.00			

财务主管：姚耀明　　　　仓库保管员：宋浩　　　　盘点人：张自权

45. 7 月 31 日，自制应交增值税计算表。

应交增值税计算表

年　月　日

项目名称	金额
销项税额	
进项税额	
应纳税额合计	

财务主管：石国英　　　　制单：张大美

46. 7 月 31 日，自制附加税计算表。

计提城建税、教育费附加税额计算表

2018 年 7 月 31 日

项目名称	应交增值税额	税率	实缴金额
城市维护建设税		7%	
教育费附加		4%	
合　计			

财务主管：　　　　制单：

47. 7 月 31 日，自制所得税计算表。

应交所得税计算表

年　月　日

项目名称		金额
本月利润总额		
纳税调整项目	调增项目	
	调减项目	
本月应纳税所得额		
所得税适用税率		
本月应纳税额		

财务主管：　　　　制单：

48. 7 月 31 日，自制内部损益结转表。

内部损益结转表

年　月　日

损益类账户名称	账户发生额	
	借方	贷方
合　计		

财务主管：　　　　　　　　　　　　制单：

49.7 月 31 日，按净利润的 20%分配利润。

50.7 月 31 日，按净利润的 15%计提盈余公积。